KROATISCHE MÄRCHEN

Nacherzählt von: Sanja Lovrenčić
Illustrationen: Ivana Guljašević

VERLAG
Leykam international d.o.o., Ilica 42, HR-10000 Zagreb, Kroatien
Tel. +385-1-4846862; Fax: +385-1-4846863
Mail: info@leykam-international.hr
www.leykam-international.hr

HERAUSGEGEBEN VON
Eugenia Ehgartner

FÜR DIESE AUSGABE AUSGEWÄHLT UND NACHERZÄHLT VON
Sanja Lovrenčić

ILLUSTRATIONEN
Ivana Guljašević

ÜBERSETZT INS DEUTSCHE VON
Margit Jugo

NACHWORT
Iva Polak

LEKTORAT
Elisabeth Klöckl-Stadler, www.zwiebelfisch.at

LAYOUT + UMBRUCH
Nevio Smajić

DRUCK
Denona d.o.o., Zagreb

Zweite ergänzte Auflage, Juni 2011

ISBN 978-953-7534-26-4

Die CIP-Aufnahme ist im EDV-Katalog der National- und Universitätsbibliothek in Zagreb unter der Nummer 707355 abrufbar.

Die Herausgabe dieses Werks wurde gefördert durch TRADUKI, ein literarisches Netzwerk, das das Bundesministerium für europäische und internationale Angelegenheiten der Republik Österreich, das Auswärtige Amt der Bundesrepublik Deutschland, die Schweizer Kulturstiftung Pro Helvetia, Kulturkontakt Austria, das Goethe-Institut und die S.Fischer-Stiftung gemeinsam initiiert haben.

Partner am Projekt Kroatische Märchen

KROATISCHE MÄRCHEN

Nacherzählt von: Sanja Lovrenčić

Illustrationen: Ivana Guljašević

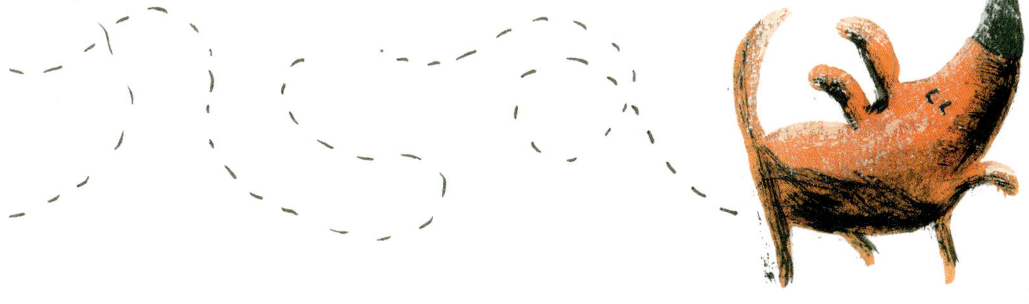

LEYKAM
international

DER KATER UND DIE FÜCHSIN

Es war einmal ein Mann, der lebte allein mit seinem Kater. Der Mann war mürrisch und geizig, und es war kein Wunder, dass niemand bei ihm leben wollte. Dem Kater aber war es egal, bei wem er lebte, solange er wenigstens ein bisschen zu fressen bekam. Es war ein schöner Kater. Groß und weiß war er, aber auch schrecklich faul. Die beiden lebten lange zusammen, obwohl sie nicht gerade gut miteinander auskamen. Der Mann nörgelte am Kater herum, und der Kater fauchte den Mann an.

Eines Tages sagte der Mann zum Kater:

„Du räumst heute auf, ich gehe einen Besuch machen."

„Ich bin doch kein Hund, dass ich auf dein Haus aufpassen muss!", antwortete der Kater. „Wenn du einen Besuch machen gehst, gehe ich zu meiner Freundin. Und das Wort ‚aufräumen' werde ich nicht einmal in den Mund nehmen."

Daraufhin erzürnte der Mann noch mehr als je zuvor und sagte:

„Na gut, wenn du so ein feiner Herr bist, dann such dir eine andere Arbeit! Ich brauche dich nicht mehr. Ich will dich hier, in meinem Haus, nie mehr sehen!"

Der Kater war nicht besonders traurig darüber, aus dem Haus geworfen zu werden. Er fauchte sein Herrchen ein letztes Mal an und ging in die weite Welt hinaus.

Schon bald darauf fand er Arbeit bei einem anderen Mann. Der lebte auch allein, doch war er von heitererem Gemüt. Er ließ den Kater bei sich wohnen und traf mit ihm folgende Abmachung: Der Kater würde ihm dienen und als Bezahlung eine alte Tabakspfeife und ein buntes Kleid erhalten. Ein ganzes Jahr würde er in seinem Dienst stehen, das Jahr aber würde nur drei Tage lang dauern.

Als das Jahr verstrichen war, löste der Mann sein Versprechen ein: Er gab dem Kater seine alte Pfeife und fertigte ihm ein buntes Kleid. Der Kater schlüpfte hinein, steckte sich die Pfeife an und verabschiedete sich – vollauf zufrieden. Dann ging er wieder in die Welt hinaus.

Der Weg in die Welt hinaus führte durch einen Wald. Der Kater schlug einen Waldweg ein und marschierte und marschierte, und es schien ihm, als wolle der Wald kein Ende nehmen. Ängstlich war er nicht, doch war er eine so große Wildnis nicht gewohnt. Und als er sich gerade zu fragen begann, wo er ein nettes Plätzchen zum Schlafen finden könnte, begegnete er einer Füchsin.

„Wohin gehst du, Fräulein Fuchs?“, fragte der Kater die Füchsin.

„Wie du siehst“, sagte die Füchsin, „gehe ich durch den Wald und suche einen Bräutigam.“

„Wenn dem so ist, hast du gerade einen gefunden! Nimm mich! Ich werde dir ein Bräutigam sein, wie du ihn dir nur wünschen kannst. Du wirst sehen, alle werden dich fragen, wo du mich gefunden hast!“

Die Füchsin musterte ihn samt Pfeife und Kleid und schien nicht gerade begeistert zu sein. Dann aber willigte sie dennoch ein und nahm den Kater mit in ihre Höhle.

Als sie ankamen, war es schon finstere Nacht. Der Kater folgte der Füchsin in die Höhle und siehe da: Es waren nichts als weiche Federn darin! Einen besseren Unterschlupf hätte er sich nicht einmal erträumen können. Er warf sich auf die Federn und fiel in einen süßen Schlaf.

Am nächsten Morgen stand die Füchsin zeitig auf, nahm einen Besen und begann, vor der Höhle zu fegen. Dort führte ein Waldweg entlang, auf dem an diesem Morgen als Erster der Bär vorbeikam, ein alter Bekannter der Füchsin. Er sah die Füchsin fegen und grüßte sie:

„Grüß Gott, Fräulein Fuchs!"

„Ich bin kein Fräulein, sondern eine Braut", erwiderte die Füchsin hochmütig und fegte weiter.

Da wunderte sich der Bär, doch blieb er weder stehen noch stellte er Fragen. Niemand sollte ihm vorwerfen können, dass er seine Nase in Dinge steckte, die ihn nichts angingen. Dabei hätte er zu gerne erfahren, wer es war, den die Füchsin geheiratet hatte!

Bald darauf kam auf demselben Waldweg der Wolf vorbei. Auch er kannte die Füchsin gut. Er sah sie vor ihrem Bau fegen und grüßte schon von Weitem:

„Grüß Gott, Fräulein Fuchs!"

„Ich bin kein Fräulein, sondern eine Braut", antwortete die Füchsin und lächelte geheimnisvoll.

Da wunderte sich der Wolf und wurde von Neugier gepackt. Doch auch er hatte nicht den Mut, die Füchsin zu fragen, wen sie geheiratet hatte.

Bald darauf ging auch das Wildschwein den Waldweg entlang und grüßte ebenfalls die Füchsin:

„Grüß Gott, Fräulein Fuchs!"

„Ich bin kein Fräulein, sondern eine Braut", sagte die Füchsin wieder.

Da wunderte sich das Wildschwein,

fragte aber auch nicht nach und ging weiter.

Kurz darauf trafen sich der Bär, der Wolf und das Wildschwein auf einer Waldlichtung, redeten über die Füchsin und wunderten sich. Was sollte diese Geschichte vom Heiraten? Hatte sie etwa über Nacht einen Bräutigam gefunden? Und wer war er? Von ihren Bekannten konnte es niemand sein, denn keiner ihrer Bekannten geheiratet hatte!

„Ich weiß, was wir machen", sagte schließlich das Wildschwein. „Du bringst Holz, Bär. Und du, Wolf, fängst irgendwo ein Huhn. Ich mache Feuer, und dann bereiten wir einen Hühnerbraten zu. Der Duft wird den Bräutigam aus dem Loch hervorlocken, und dann werden wir sehen, was das für einer ist."

Und so taten sie es auch: Der Bär sammelte trockene Zweige im Wald, der Wolf stibitzte im nahe gelegenen Dorf ein Huhn, und das Wildschwein machte Feuer. So bereiteten sie einen leckeren Braten zu und trugen ihn vor die Fuchshöhle. Dann versteckten sie sich gut: Der Bär kletterte auf eine Eiche, das Wildschwein kroch unter einen Laubhaufen und der Wolf lugte hinter einem umgestürzten Baum hervor.

Sie mussten nicht lange warten. Der herrliche Duft des Bratens verbreitete sich nach allen Seiten und drang so auch ins Fuchsloch. Die Füchsin war nicht zu Hause, doch ihr Bräutigam erwachte. „Fein, fein", dachte er, „das Frühstück wird ebenso gut wie die Schlafstätte sein." Und so verließ er die Höhle.

„Da ist er", murmelte der Bär, der ihn als Erster bemerkte. „Jetzt werden wir sehen, was das für einer ist ..."

Doch der Bräutigam in seinem bunten Kleid war in der Tat sehr wunderlich!

Der Bär rutschte auf dem Ast nach vorne, um ihn besser sehen zu können. Ein kleines Stück, noch ein kleines Stück ... und da brach der Ast ab und der Bär landete auf dem Boden! Direkt vor dem Kater.

Da erschrak der Bär – und auch der Kater.

Der Bär verschwand im Wald und der Kater rannte verängstigt auf den Laubhaufen zu – direkt auf das Wildschwein.

Da erschrak das Wildschwein – und auch der Kater.

Das Wildschwein jagte in den Wald und der Kater sprang über den umgestürzten Baum – direkt auf den Wolf zu. Vor lauter Angst blies er so stark er konnte in die Pfeife. Aus der Pfeife sprang ein Funke geradewegs in das Fell des Wolfes.

Da erschrak der Wolf und verschwand ebenfalls im Wald.

Als sie sich von ihrem riesigen Schrecken erholt hatten, trafen sich der Bär, der Wolf und das Wildschwein wieder auf der Waldlichtung.

„Ein grauenhafter Bräutigam!“, stöhnte der Bär. „Wie er sich auf mich gestürzt hat!“

„Auf mich auch!“, sagte das Wildschwein. „Es ist mir unerklärlich, woher er wusste, dass ich mich gerade unter diesem Laubhaufen versteckt hatte.“

„Ihr müsst aber zugeben, dass ich am Schlimmsten dran war“, sagte der Wolf. „Auf mich hat er mit einem Gewehr geschossen!“

Und so klagten und stöhnten sie noch eine Weile. Als die

Füchsin vorbeikam, beklagten sie sich auch bei ihr über ihren wilden Bräutigam.

Der Kater aber war ebenfalls vor Angst in den Wald geflüchtet, doch in eine andere Richtung als die drei. Und auch nicht wirklich weit weg. Er versteckte sich in einem Busch und spitzte die Ohren. „Wunderliche Wesen leben in diesem Wald“, dachte er. „Vielleicht sollte ich lieber gleich weiter in die Welt hinaus gehen.“ Als sich aber seine Angst gelegt hatte, dachte er an all die weichen Federn und den duftenden Braten, und da machte er sich doch auf den Weg zurück in die Höhle.

Die Füchsin empfing ihn nicht gerade freundlich.

„Was bist du mir nur für ein Bräutigam?“, sagte sie. „Nicht einmal Gäste empfangen kannst du, wie es sich gehört!“

„Schöne Gäste hast du da!“, erwiderte der Kater. „Sie fallen von Bäumen, springen aus Laubhaufen heraus und verstecken sich wie Räuber im Hinterhalt.“

„Wenn dir meine Gäste nicht gut genug sind, dann zieh weiter. Einen solchen Bräutigam will ich nicht."

„Na gut", sagte der Kater. „Ich pfeife drauf."

Und obwohl es ihm um den Braten und die Federn Leid tat, kehrte er der Füchsin den Rücken und ging davon.

Doch der Weg führte ihn nicht weit. Er fand eine Höhle und lebte fortan als wilder Kater.

DER DRITTE SOHN ABER WAR EIN WAHRER RÄUBER

Es war einmal ein armer Mann, der hatte drei Söhne. Der Mann sorgte gut für seine Kinder und bemühte sich darum, jeden von ihnen einen guten Beruf erlernen und sie wahre Meister werden zu lassen. So wurde der erste Sohn Schuster, der zweite Tischler, der dritte jedoch Räuber.

In ihrer Nähe aber lebte ein hochmütiger Graf, der es über alles liebte, Befehle zu erteilen und in allem das letzte Wort zu haben.

Eines Tages rief der Graf den Mann zu sich und sagte:

„Mir ist zu Ohren gekommen, alter Mann, dass du dich mit deinen Söhnen brüstest und allen erzählst, welch geschickte Meister sie doch seien."

„Das würde ich nicht tun, wenn sie es nicht wären."

„Nun gut, das werden wir sehen. Wenn dein ältester Sohn es nicht schafft, mir in acht Tagen Stiefel zu nähen, wie niemand in dieser Gegend sie sein Eigen nennt, lasse ich ihn erhängen!"

Da ging der alte Mann zu seinem ältesten Sohn und berichtete ihm, was der Graf verlangt hatte. Der älteste Sohn machte sich an die Arbeit und fertigte in acht Tagen Stiefel, wie sie tatsächlich niemand in jener Gegend sein Eigen nannte.

Doch der Graf hatte noch nicht genug. Er rief den Mann erneut zu sich und sagte:

„Die Stiefel sind nicht übel, nun aber habe ich eine neue Aufgabe. Wenn dein mittlerer Sohn es nicht schafft, mir in acht Tagen Fensterläden zu fertigen, wie niemand in dieser Gegend sie sein Eigen nennt, lasse ich ihn erhängen!"

Da ging der alte Mann zu seinem mittleren Sohn und berichtete ihm, was der Graf befohlen hatte. Und auch der mittlere Sohn machte sich an die Arbeit und fertigte in acht Tagen Fensterläden, wie sie tatsächlich niemand in jener Gegend sein Eigen nannte.

Doch der Graf hatte immer noch nicht genug. Wieder rief er den alten Mann zu sich und sagte:

„Hör zu, alter Mann, wenn dein jüngster Sohn es nicht schafft, mir heute Nacht ein Pferd aus dem Stall zu stehlen, lasse ich ihn erhängen!"

Da ging der alte Mann auch zu seinem jüngsten Sohn und berichtete ihm, was der Graf verlangt hatte.

„Wenn er es sich so sehr wünscht, dann stehle ich ihm eben ein Pferd", sagte der jüngste Sohn und machte sich, sobald die Nacht hereinbrach, an die Arbeit: Er suchte sich einen Holzklotz, fertigte für diesen ein Holzgestell, lud sich alles auf die Schulter und machte sich auf zum Stall des Grafen.

Der Graf aber befahl an diesem Abend seinen Dienern, sich auf je ein Pferd zu setzen und sich bis zum Morgen nicht von der Stelle zu rühren. Selbstverständlich gehorchten ihm die Diener. Sie bestiegen die Pferde und blieben auf ihnen sitzen. Als sie so im dunklen Stall saßen, stimmten sie zuerst einige Lieder an, unterhielten sich dann und schliefen schließlich ein. Auch die Pferde fielen in den Schlaf – Pferde schlafen nämlich im Stehen.

Als sie alle eingeschlafen waren, schlich der dritte Sohn des alten Mannes in den Stall. Er legte den Holzklotz auf das Gestell, und auf diese Vorrichtung schob er einen der Diener Stück um Stück von seinem Pferd. Das Pferd band er los und ritt auf ihm davon.

Am frühen Morgen betrat der Graf den Stall, um die Pferde zu zählen. Da bekam er etwas zu sehen!

„Wo ist dein Pferd?“, fuhr er den Diener an, der immer noch schlafend auf dem Holzklotz saß.

„Das Pferd?! Hier!“, sagte der Diener, und erst dann begriff er, dass er auf einem Holzklotz saß.

„Ich weiß nicht, Herr“, entschuldigte er sich erschrocken, „ich bin die ganze Zeit auf dem Pferd sitzen geblieben, aber es ... es hat sich in einen Holzklotz verwandelt!“

„Ich weiß, wo das Pferd ist!“, ärgerte sich der Graf. Und wieder ließ er den alten Mann zu sich holen.

„Sag mir, alter Mann, was macht dein jüngster Sohn gerade?“, fragte er.

„Was schon, Herr, er hat irgendwo ein Pferd gefunden und kümmert sich jetzt darum. Das Pferd ist nicht übel, wie mir scheint.“

„Dieses Pferd hat er mir gestohlen!“, schrie der Graf. „Aber sei’s drum. Heute soll er meine Ochsen vom Acker stehlen, sonst lasse ich ihn erhängen. Und nun geh schon, geh und sag ihm, was ich von ihm als Räubermeister erwarte!“

Da ging der alte Mann zu seinem Sohn und sagte es ihm. Der jüngste Sohn dachte kurz nach und machte sich dann an die Arbeit: Er kaufte einen Korb voller Küken und eine Flasche Wein. So bepackt suchte er die Feldarbeiter auf, die auf dem Acker des Grafen pflügten. Er wünschte

ihnen einen guten Morgen und begann ein Gespräch mit ihnen. Über Ochsen, das Pflügen und das schöne Wetter.

„Habt ihr heute schon gefrühstückt, meine Lieben?", fragte er sie schließlich.

„Nein, nichts", sagten die Feldarbeiter.

„Das ist ja eine echte Schande", sagte der Räubermeister. „Wenn ich etwas zu essen hätte, würde ich es euch geben."

„Trotzdem danke", erwiderten sie.

„Aber würdet ihr vielleicht gerne etwas Wein trinken?"

„Wenn du Wein hast, würdest du uns damit eine Freude machen", antworteten sie.

„Hier, diese Flasche hat mir der Graf gegeben. Kommt, wir trinken sie aus."

Die Feldarbeiter leerten die Flasche und betranken sich ein wenig. Auch der Räuber gab vor, betrunken zu sein, und ließ in diesem vermeintlichen Rausch die Küken aus dem Korb frei. Dann ging er fort. Doch er ging nicht wirklich fort, sondern versteckte sich nur hinter einer Hecke, damit die Feldarbeiter ihn nicht sehen konnten.

„Man müsste die Küken einfangen", sagte einer der Feldarbeiter.

„Wir bringen sie dem Grafen", sagte der zweite.

„Dann gibt er uns auch zu Mittag Wein", sagte der dritte.

Und da liefen sie auseinander, um die Küken zu suchen. Wie sie so über den Acker taumelten, spannte der Räuber die Ochsen aus und trieb sie vom Feld.

So kam es, dass die Feldarbeiter ohne Ochsen nach Hause zurückgingen. Aber nicht nur ohne Ochsen, sondern auch ohne Küken, denn in ihrer Trunkenheit war es ihnen nicht gelungen, auch nur ein einziges Küken einzufangen.

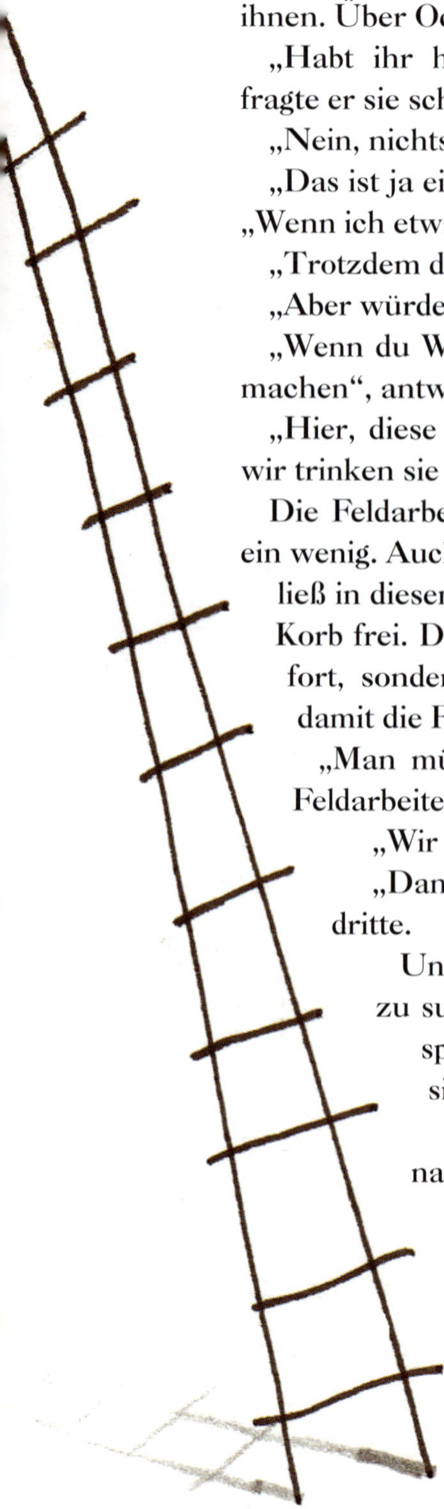

„Wo sind eure Ochsen?“, fragte der Graf sie.

„Seid nicht böse, Graf“, sagten sie, „es hat sie jemand gestohlen.“

Und da erzählten sie ihm die wunderliche Geschichte vom Wein und von den Küken.

„Ich weiß, wer das war!“, sagte der Graf verärgert und ließ sofort den alten Mann holen.

„Was macht dein jüngster Sohn heute?“, fragte er ihn.

„Was schon, Herr, er hat irgendwelche dummen Ochsen mit nach Hause gebracht und plagt sich jetzt mit ihnen herum. Ich weiß überhaupt nicht, was er mit ihnen will.“

„Diese Ochsen hat er mir gestohlen! Aber sei's drum. Wenn er es heute Nacht nicht schafft, mir den Goldring vom Finger zu stehlen, lasse ich ihn erhängen. Und nun geh und sag ihm, was ich von ihm als Räubermeister erwarte.“

Da ging der alte Mann zu seinem Sohn und sagte ihm, was der Graf ihm mitzuteilen hatte. Der jüngste Sohn dachte kurz nach und machte sich ans Werk: Er pflückte eine ganze Tasche voll schwarzer Holunderbeeren. So bepackt drang er am frühen Abend in das Schloss des Grafen ein. Einer Dienerin folgend schlich er in dessen Schlafgemach und versteckte sich unter dem Bett.

Nach einer Weile gingen der Graf und die Gräfin schlafen. Und als sie bereits im Bett lagen, sagte der Graf zu seiner Frau:

„Letzte Nacht hat dieser Schurke mir ein Pferd gestohlen und heute Morgen die Ochsen, doch bin ich listiger als er. Ich habe ihn herausgefordert, mir heute Nacht meinen Ring zu stehlen, was ihm gewiss nicht gelingen wird. Hier hast du den Ring, gib du auf ihn Acht. Wenn der Schurke heute Nacht ins Haus eindringt, wird er nicht wissen, dass du ihn hast, und so wird seine ganze Mühe vergebens sein!“

Die Gräfin nahm den Ring, sie löschten die Kerze und schon bald schliefen beide ein.

Der jüngste Sohn des alten Mannes wartete ab, bis sie in tiefen Schlaf gefallen waren. Dann zerdrückte er die schwarzen Holunderbeeren und warf sie mitten auf das Bett. Davon begann das ganze Zimmer schrecklich zu stinken, sodass der Graf und die Gräfin aufwachten.

„Milka, was hast du da mit ins Bett gebracht, dass es so stinkt?“, fragte der Graf.

„Gar nichts, ich wollte gerade dich fragen, was das ist. Hier, halte einmal deinen Ring, ich sehe nach, was los ist.“

Der Räuber streckte die Hand aus, und die Gräfin gab ihm – im Glauben es sei ihr Mann – im Dunkeln den Ring. Der Graf aber schimpfte herum und war so mit dem Gestank beschäftigt, dass er nichts bemerkte.

Sie zündeten eine Kerze an, wischten den stinkenden Holunder vom Bett und schliefen wieder ein. Der jüngste Sohn des alten Mannes aber schlich aus dem Schloss und ging nach Hause.

„Milka, wo ist der Ring, den ich dir gegeben habe?“, fragte der Graf am nächsten Morgen.

„Erinnerst du dich nicht mehr?“, sagte die Gräfin. „Ich habe ihn dir heute Nacht gegeben, als wir das Bett sauber machten, und du hast ihn genommen. Ich habe gespürt, wie er in deine Hand glitt, auch wenn es dunkel war.“

„Ich weiß, wo der Ring ist, ich weiß es!“, schrie der Graf verärgert auf. „Ein Pferd hat er mir gestohlen, die Ochsen hat er mir gestohlen, und jetzt hat er es auch noch geschafft, mir meinen Ring zu stehlen!“

Die Gräfin zuckte mit den Schultern und ging irgendeiner Arbeit nach. Der Graf aber wurde immer wütender. Und in seinem Zorn ließ er den Pfarrer und den Lehrer zu sich rufen, um sich bei jemandem über den Dieb zu beklagen.

„Ihr habt es selbst so gewollt“, sagten der Pfarrer und der Lehrer, als sie die Geschichte des Grafen hörten. „Das habt Ihr davon, wenn Ihr den Jungen so herausfordert.“

Dann gingen sie wieder.

Der Graf aber wurde noch zorniger, nicht nur auf den

Sohn des alten Mannes, sondern nun auch auf den Pfarrer und den Lehrer. Und wieder ließ er den alten Mann zu sich holen.

„Sag mir, alter Mann, was macht dein jüngster Sohn heute?“, fragte er ihn.

„Was schon, Herr, irgendwo hat er einen Ring her und spielt jetzt damit. Ich weiß nicht, ob er aus Gold ist, aber er glänzt wunderschön.“

„Diesen Ring hat er mir gestohlen! Aber sei's drum. Der Pfarrer und der Lehrer haben mich wegen deines Sohnes getadelt, deshalb muss er mir noch heute entweder den Pfarrer oder den Lehrer lebendig in einem Sack bringen. Wenn nicht, lasse ich ihn erhängen! Und nun geh und sag ihm, was ich von ihm als wahren Räubermeister erwarte.“

Der jüngste Sohn hörte sich an, was der Graf von ihm wollte, und machte sich wieder an die Arbeit: Er kaufte eine große Kerze und einen Korb voller lebender Krebse und so bepackt machte er sich am frühen Abend auf zur Kirche. Als er dort ankam, war es schon Nacht und es war niemand in der Kirche.

Da machte sich der Räubermeister ans Werk: Er schnitt die Kerze in kleine Stücke und klebte diese den Krebsen mit Wachs auf den Rücken. Dann zündete er all die kleinen Kerzen an und ließ die Krebse in der Kirche frei. Auch die Kerzen auf den Altären zündete er an und zog dann am Glockenseil.

Der Pfarrer und der Lehrer wunderten sich, wer so spät noch die Glocken läutete. So machten sie sich beide auf den Weg, um zu sehen, was los war, und begegneten sich vor der Kirchentür.

Sie betraten die Kirche, und was sahen sie da: lauter kleine Lichter, die sich bewegten!

Sie dachten, die Seelen der Toten seien zur Messe gekommen, und der liebe Gott selbst halte die Messe für sie ab.

Der Räuber aber begann, als er sie die Kirche betreten hörte, auf der Empore Orgel zu spielen.

„Welch göttliches Wesen sitzt dort oben an der Orgel?“, fragte der Pfarrer.

„Ich bin es, euer lieber Gott!“, erwiderte der Räuber mit tiefer Stimme. „Kommt herauf zu mir, einer nach dem anderen, dann nehme ich euch die Beichte ab.“

„Wir kommen!“, sagte der Pfarrer, und als Erster stieg der Lehrer die Treppe nach oben.

Es war dunkel um die Orgel, sodass der Lehrer es – teils wegen der Finsternis und teils wegen seiner großen Angst – nicht wagte, zur verhüllten Gestalt aufzublicken. Schnell gestand er alle seine Sünden.

„Deine Sünden sind dir vergeben“, sagte der Räuber zum Lehrer. „Steige nun in diesen Sack, dann bringe ich dich ins Himmelreich.“

Der Lehrer stieg in den Sack und der Räuber lud ihn sich auf den Rücken und ging die Treppe hinunter in den Kirchenraum, wo der Pfarrer wartete. Er sagte zu ihm:

„Warte hier auf mich, bis ich ihn in den Himmel gebracht habe. Dann komme ich zurück und hole dich ab.“

So trug der Räuber den Lehrer im Sack. Als er das Schloss des Grafen erreichte, rief er:

„Öffne das Tor!“

Und der Lehrer dachte, es sei der liebe Gott, der den heiligen Petrus aufforderte, die Himmelspforte zu öffnen.

Der Graf aber hatte bereits eine Lampe genommen und ging selbst das Tor öffnen, denn er hatte den Räuber an dessen Stimme erkannt. Als er das Tor öffnete, schüttelte der Räuber den Lehrer aus dem Sack und sagte:

„Hier ist Euer Lehrer, der Euch erzürnt hat! Soll ich Euch vielleicht auch noch den Herrn Pfarrer bringen? Er wartet schon."

Der Graf aber sagte wütend zu ihm:

„Verschwinde von hier, ich will dich nie wieder sehen! Du bist in der Tat ein wahrer Widerling und Taugenichts."

So hatte der jüngste Sohn des alten Mannes den Grafen überlistet und fortan forderte der Graf ihn nicht mehr heraus. Zu seinem Glück.

DIE SCHLEMMERIN

Es war einmal eine Frau, die hatte eine Tochter, die immerzu schlemmte.

Sie aß Suppe, Fleisch, Kartoffeln und Kuchen.

Frühstück, Mittagessen und Abendessen. Und eine Zwischenmahlzeit. Oder zwei.

Obst und Gemüse.

Gekochtes, Gebratenes, Gedünstetes und Rohes.

Einfach alles.

Deshalb wurde sie Schlemmerin genannt.

Dies aber störte das Mädchen keineswegs. Sie schwelgte und betrachtete sich mit Freude im Spiegel. Denn sie war sehr schön und man sah ihr das Schlemmen in keiner Weise an.

Die Mutter und ihre Tochter hatten eine Katze.

Und eine Nachbarin, die ein gutes Herz hatte.

Eines Tages kochte die Mutter in einem großen Topf sieben Stücke Speck für die Arbeiter auf dem Feld. Dann ging sie zu ihnen, um nachzusehen, wie sie mit der Arbeit vorankamen.

Wieder zu Hause angekommen sah sie in den Topf: Er war leer! Das Töchterlein hatte den ganzen Speck aufgegessen! Darum kam es in dem Häuschen an diesem Tag zu einem furchtbaren Streit. Die Mutter schimpfte, die Tochter rechtfertigte sich, und ihre wütenden Stimmen drangen bis nach draußen zu den Nachbarhäusern und zu der nahe liegenden Straße.

Just in diesem Moment fuhr die Kutsche des Königs die Straße entlang. In der Kutsche aber befand sich an diesem Tag nicht der alte König, sondern dessen Sohn, der Prinz – ein schöner Jüngling. Es gab nichts in jener Gegend, was dem Prinzen Grund zum Anhalten gegeben hätte, und alle dachten, die Kutsche würde nur vorbeifahren. Doch sie blieb stehen. Denn die Hinterachse war gebrochen. Wie ihr seht, müssen sogar Königskutschen manchmal repariert werden. Und ob er nun wollte oder nicht, musste der Prinz aussteigen, damit der Kutscher und sein Gehilfe den Schaden beheben konnten.

Während sich die beiden der Kutsche zuwandten, ging der Prinz die Straße auf und ab und langweilte sich. Und wie er sich so langweilte, hörte er den Streit aus dem Haus, in dem die Schlemmerin lebte.

„Was ist das für ein furchtbares Geschrei?", fragte er die Nachbarin, die in ihrem Hof gerade die Wäsche aufhängte. „Was ist bei diesen Leuten los?"

Die gute Nachbarin aber wollte ihre Freundinnen nicht bloßstellen und sagte:

„Ach, da wohnt eine Mutter mit ihrer Tochter, die immerzu schl..., nein, ich meine spinnt. Sie spinnt und spinnt von morgens bis abends! Und nun weist die Mutter sie zurecht, denn das arme Mädchen vergeudet mit dem Spinnen seine ganze Jugend und wird noch krank vor lauter Arbeit."

Der Prinz aber erwiderte:

„Es ist nicht nett, wegen ihres Fleißes so mit ihr zu schimpfen. Wenn das Mädchen so fleißig ist, werde ich um seine Hand anhalten!"

Und da klopfte er an die Tür des Hauses der Schlemmerin.

Dann heirateten sie.

(Natürlich ging das nicht ganz so schnell, doch die Verlobung und die Hochzeitsglocken sind für unsere Geschichte nicht wichtig.)

Eine Weile waren der Prinz und die Schlemmerin sehr glücklich. Im Schloss hatte sie ein schönes Leben. Sie schlemmte auch weiterhin, Spinnarbeit jedoch hatte sie nie. Da sie von froher Natur war, verstand sie es, auch andere Menschen aufzuheitern. Und so waren alle um sie herum gut gelaunt, am meisten jedoch ihr Mann, der Prinz.

Eines Tages aber sagte der Prinz:

„Liebe Frau, morgen gehe ich auf die Jagd. Für dich habe ich drei große Zimmer voller Wolle. Bitte spinne sie bis zu meiner Rückkehr."

„In Ordnung", stimmte die Schlemmerin gelassen zu, obwohl sie keine Ahnung hatte, wie sie dieser Bitte nachkommen sollte.

Als der Prinz zur Jagd aufgebrochen war, öffnete sie das erste Zimmer.

Beim Anblick all der Wolle wurde ihr klar, dass sie es nicht einmal in zehn Tagen schaffen würde, sie zu spinnen, und es keinen Zweck hatte, überhaupt erst damit anzufangen. Stattdessen stützte sie sich mit den Ellbogen auf die Fensterbank und erfreute sich am herrlichen, sonnigen Tag. Neben ihr saß ihre Katze, die ebenfalls die Sonne genoss und schnurrte. Und so faulenzten die beiden und fragten sich, was ihnen der herrliche Frühlingstag wohl bringen würde.

An eben diesem Tag trafen sich in der Nähe des Schlosses drei wunderliche Feen: Die erste konnte nicht gut sehen, die zweite hörte schlecht und die dritte hinkte.

Sobald sie die Feen bemerkte, griff die Schlemmerin nach zwei Paar Würstchen und hängte sich jeweils ein Paar an jedes Ohr. Dann lehnte sie sich ein Stück aus dem Fenster und begann, ihren Kopf hin- und herzuschwingen. Sie schwang ihn auf die eine Seite und biss – knack! – in die Würstchen am linken Ohr. Dann schwang sie ihn auf die andere Seite und biss – knack! – in die Würstchen am rechten Ohr. Knack, knack, knusprig und lecker, saftig und gut!

Die Fee, die nicht gut sah, strengte beide Augen an, um diesen wunderlichen Anblick besser sehen zu können. Wie sie sich so anstrengte, konnte sie immer besser sehen. Und noch bevor die Würstchen aufgegessen waren, sah sie besser als je zuvor.

Die Fee, die schlecht hörte, strengte ihre beiden Ohren an, um das Schmatzen besser hören zu können. Wie sie sich so anstrengte, konnte sie immer besser hören. Und noch bevor die Würstchen aufgegessen waren, hörte sie auf beiden Ohren ausgezeichnet.

Die Fee, die hinkte, strengte beide Beine an, um sich diesem unsäglichen Wunder zu nähern. Wie sie sich so anstrengte, konnte sie immer besser gehen. Und noch bevor die Würstchen verschwunden waren, verschwand auch ihr Hinken.

Da rief die Schlemmerin alle drei Feen zu sich ins Schloss.

„Was sollen wir für dich tun, liebe Frau?“, sagten die drei Feen zur Schlemmerin. „Du hast uns vor unserer Hilflosigkeit errettet. Wir werden dir jeden Wunsch erfüllen.“

„Spinnt nur die Wolle in den Zimmern für mich“, sagte die Schlemmerin. „Mit allem anderen werde ich auch allein fertig.“

„Nichts leichter als das!“, sagten die Feen und begannen zu spinnen. Und noch bevor die Nacht hereinbrach, war die ganze Wolle gesponnen.

Am frühen Abend kehrte auch der Prinz von der Jagd zurück. Er zeigte seiner Frau die Jagdbeute und die Schlemmerin zeigte ihm die vollen Säcke mit der gesponnenen Wolle. Der Prinz lobte sie und versprach, ihr noch mehr Spinnwolle zu besorgen.

„Ach, lieber Mann, vom vielen Spinnen tut mir alles weh“, stöhnte die Schlemmerin.

„So schlimm kann es ja nicht sein“, sagte der Prinz. „Du bist doch daran gewöhnt.“

Da schwieg die Schlemmerin, dachte sich jedoch ihren Teil. „Es kümmert ihn gar nicht, ob ich es schwer habe oder nicht. Wenn ich tatsächlich drei Zimmer voll Wolle gesponnen hätte, wäre es für ihn nicht einmal der Rede wert ...“, dachte sie.

Deshalb holte sie einen Sack Walnüsse vom Dachboden.

Am Nachmittag, als niemand hinsah, legte sie den Sack mit den Walnüssen unter die Matratze des Ehebetts. Dann stellte sie fest, dass es Zeit für eine Zwischenmahlzeit war.

In dieser Nacht war im Bett unentwegt ein Knacken zu hören. Immer, wenn sich die Schlemmerin bewegte, knirschte und krachte es. Von diesem ständigen Geräusch wachte der Prinz schließlich auf.

„Was ist das, Frau“?, wunderte er sich. „Was knirscht da die ganze Zeit in unserem Bett?“

„Ach, Liebster, das sind nur meine Knochen“, sagte die Schlemmerin mit schwächlicher Stimme.

„Das ist ja furchtbar“, sagte der Prinz. „Früher haben sie nie geknirscht. Warum knirschen sie jetzt auf einmal so schrecklich?“

„Das kommt vom vielen Spinnen“, sagte die Schlemmerin. „Und mit der Zeit werden sie noch viel schlimmer knirschen.“

„Oh, nein!“, rief der Prinz. „Jede Nacht dieses Geräusch, das halte ich nicht aus. Fortan wirst du nicht mehr spinnen! Irgendwie können wir auch so leben.“

Und das taten sie. Lange und zufrieden.

WIE EIN SOLDAT KÖNIG WURDE

Es war einmal ein armer Jüngling, der wurde zur Armee einberufen, als der Krieg begann. Als der Krieg vorbei war, schickten sie ihn so arm wie zuvor wieder nach Hause.

Da er kein Pferd hatte, ging er zu Fuß. Sein Weg führte an einem Bach entlang. Wie er so marschierte, entdeckte er einen Fisch, der am sandigen Ufer gestrandet war. Der Fisch zappelte und zappelte, doch es wollte ihm einfach nicht gelingen, ins Wasser zurückzuspringen.

Da ergriff der Soldat einen Stock und schob den Fisch in den Bach.

Der Fisch aber sagte zu ihm:

„Gut ist dein Weg, gut wird auch dein Ziel sein."

„Danke für die lieben Worte", sagte der Soldat. „Aber ich glaube nicht, dass du mir helfen kannst."

Und so zog er weiter.

Er ging und ging. Nun führte ihn der Weg durch Felder und Wiesen. Wie er so marschierte, begegnete er einem Vogel, der im Gras lag und vergeblich versuchte, davonzufliegen. Er hatte sich in einer Hecke verfangen und es nur mit Mühe geschafft, sich zu befreien. Nun war er erschöpft und hatte Durst, und sein ganzer

Schnabel war blutverschmiert. Da hob der Soldat ihn auf und brachte ihn zu einem nahe gelegenen Gasthaus.

Im Gasthaus fragte er nach etwas Öl, um dem Vogel den Schnabel damit einzureiben.

Und auch nach etwas Wasser für den Vogel, fragte er.

Als er ihn eingerieben und ihm zu trinken gegeben hatte, ließ er den Vogel sanft zu Boden, und dieser sagte zu ihm:

„Gut ist dein Weg, gut wird auch dein Ziel sein."

„Danke für die lieben Worte", sagte der Soldat. „Aber ich glaube nicht, dass du mir helfen kannst."

Und so zog er weiter.

Nach einer Weile erreichte er einen kleinen Wald und erblickte einen Rosmarinstrauch, der ganz von Brennnesseln zugewuchert war. Da grub der Soldat ihn aus und brachte ihn in die nahe gelegene Stadt. Dort pflanzte er ihn in einen Garten, an ein behagliches Plätzchen neben einem Pfirsichbaum.

Der Rosmarinstrauch aber sagte:

„Gut ist dein Weg, gut wird auch dein Ziel sein."

„Danke für die lieben Worte", sagte der Soldat noch einmal. „Aber ich glaube nicht, dass du mir helfen kannst."

Und dann wollte er weiterziehen.

In der Stadt aber, in der er den Rosmarinstrauch eingepflanzt hatte, lebte eine Zauberkönigin. Zum Zeitvertreib gab sie ihren Untertanen bisweilen unlösbare Rätsel auf oder forderte sie heraus, sich als klüger zu erweisen als sie, was jedoch noch niemandem je gelungen war. Nun hatte sie verkündet, dass sie ihr Königreich demjenigen übergeben werde, dem es gelinge, sich so gut zu verstecken, dass sie ihn nicht finden könne. Jeder, der es probieren wolle, habe drei Versuche, wer es jedoch nicht schaffe, werde getötet. So sprach die Königin und wunderte sich, warum es in der Stadt niemand versuchen wollte.

Dann aber erschien der Soldat. Auf einem Platz machte er neben dem Brunnen Halt, um Wasser zu trinken, als er die Leute über die Kundgabe der Königin reden hörte.

„Ich werde mich melden“, sagte der Soldat. „Ich habe schon so vieles überlebt. Sich zu verstecken, ist wenigstens nicht anstrengend.“

Und so meldete er sich bei der Königin.

Im Schloss wurde er freundlich empfangen. Er erhielt ein warmes Zimmer und ein wohlschmeckendes Abendessen.

„Und nun verstecke dich!“, sagte die Königin tags darauf. „Du hast drei Versuche.“

Der Soldat ging als Erstes zum nahe gelegenen See. Dort dachte er an den Fisch, dem er das Leben gerettet hatte, und da lugte der Fisch bereits aus dem Wasser hervor.

„Bitte, Fisch, verstecke mich“, sagte er.

„Spring ins Wasser, ich werde dich unter den Fischen verstecken!“, erwiderte dieser.

Der Soldat sprang und der Fisch nahm ihn mit in die Tiefe und versteckte ihn bei den Fischen.

„Hier wird dich niemand finden", sagte er.

Doch die Königin hatte eine gläserne Zauberkugel, in der sie die ganze Welt sehen konnte. Alles, was sich auf der Erde, in der Luft und im Wasser befand. Sie sah in die Kugel und fand den Soldaten sofort. „Du bist im Wasser bei den Fischen!", rief sie. „Ich habe dich gefunden, komm heraus! Du hast noch zwei Versuche."

Am nächsten Tag stand der Soldat am Fenster des Zimmers, das sie ihm zugeteilt hatten, und betrachtete den Himmel. „Nun gehe ich zum Vogel", beschloss er, „vielleicht versteckt er mich besser."

Und da pfiff er und rief den Vogel zu sich.

„Bitte, Vogel, verstecke mich", sagte er, als der Vogel auf dem Fensterbrett landete.

„Ich werde es versuchen", sagte der Vogel, hob ihn in die Lüfte und brachte ihn zu den Vögeln am Himmel.

„Hier wird dich niemand finden", sagte er.

Doch die Königin sah wieder in ihre Zauberkugel und fand den Soldaten.

„Du bist in der Luft bei den Vögeln!", sagte sie. „Ich habe dich gefunden, komm herunter! Du hast noch einen Versuch."

Als der Soldat tags darauf nachsann, wo er sich noch verstecken könnte, fiel ihm der Rosmarinstrauch ein.

„Auch der Rosmarinstrauch hat zu mir gesagt, mein Weg sei gut, und auch mein Ziel werde gut sein, vielleicht kann er mir helfen."

Und so machte er sich auf den Weg in den Garten mit dem Pfirsichbaum.

Er ging auf den Rosmarinstrauch zu und dieser sagte zu ihm:

„Brich einen meiner Zweige ab und nimm ihn mit zur

Königin. Sie wird im Garten sein. Und wenn du dort ankommst, wirst du dich in diesen Zweig verwandeln und dich der Königin von hinten in den Zopf flechten. So wird sie dich gewiss nicht finden."

Der Soldat tat es so.

Und tatsächlich: Die Königin suchte und suchte und sah in ihre Zauberkugel. Sie sah in die Ferne und noch weiter in die Ferne, sie suchte in der Luft und suchte im Wasser, doch vergaß sie, in ihr Haar zu sehen.

Als die gesetzte Zeit verstrichen war, fiel ihr der Rosmarinzweig aus dem Haar und verwandelte sich in den Soldaten.

Fortan jedoch war er nicht mehr Soldat, sondern König.

VOM HASEN, DEM BÄREN, DEM MANN UND DEM FUCHS

In einem Wald lebte einmal ein Bär. Unter der Wurzel einer umgestürzten Eiche hatte er seine Höhle, wo er und seine kleinen Bärenkinder zu Hause waren. In ihrer Nähe aber lebte auch ein sehr frecher Hase.

Immer, wenn der Bär irgendwohin ging, suchte der Hase die Höhle auf. Er lugte hinein und hänselte die kleinen Bärenkinder:

„He, ihr hässlichen Vögelein, singt mir was vor, lasst hören eure Stimmelein."

Die kleinen Bärenkinder wurden wütend, brummten und wimmerten. Je mehr sie wimmerten, desto mehr ärgerte der Hase sie.

„Wie schön ihr singt!", kreischte der Hase und krümmte sich vor Lachen.

Wenn der Bär dann nach Hause kam, klagten ihm die kleinen Bärenkinder ihr Leid:

„Der Hase war schon wieder da und hat uns gehänselt!"

Und so ging es Tag für Tag.

Eines Tages jedoch packte den Bären der Zorn, und er sagte: „Jetzt habe ich aber genug von diesem frechen Hasen! Wenn ich den erwische, wird er nie wieder so frech sein!"

Und da versteckte er sich, statt Honig holen zu gehen, hinter einem Strauch.

Schon bald erschien der Hase, lugte wie immer in die Höhle und begann – im Glauben, der Bär sei gegangen – die kleinen Bärenkinder zu hänseln:

„He, ihr hässlichen Vögelein, wollt ihr mir heute nichts vorsingen? Singt mir was vor, lasst hören eure Stimmelein!"

„Du solltest dir besser überlegen, wen du da hänselst!", rief der Bär und sprang auf den Hasen zu. Doch – hopp! – der Hase war schneller und verschwand im Wald.

Der Bär jagte ihm hinterher. Der Hase rannte den Weg entlang und der Bär rannte ihm hinterher. Der Hase jagte durch das Gebüsch und der Bär jagte ihm hinterher. Der Hase preschte über eine Waldlichtung und der Bär preschte ihm hinterher. Der Hase sprang durch einen verzweigten Baum und der Bär sprang ihm hinterher ...

... und verfing sich im Geäst!

Immer noch lachend verschwand der Hase im Wald, der Bär aber steckte im Baum fest und kam weder vor noch zurück.

Kurz darauf ging ein Mann durch den Wald. Er war gekommen, um Bäume fürs Brennholz zu fällen, und trug über der Schulter eine Axt.

„He, Gevatter!“, rief der Bär zu ihm. „Bleib stehen!“

Der Mann sah den Bären im Geäst des Baumes hängen und prustete los vor Lachen. Der Bär aber sagte zu ihm:

„Lieber Gevatter, bitte, hilf mir! Befreie mich, und du wirst es nicht bereuen. Ich kenne im tiefen Wald einen Baum voller Honig. Ich zeige dir, wo er steht, dann kannst du ein Fass holen und dir so viel Honig nehmen, wie du willst. So viel, dass es für den ganzen Winter reicht.“

„Und ich kann dir vertrauen?“, fragte der Mann argwöhnisch.

„Ja, das kannst du“, sagte der Bär, „es gibt auf der ganzen Welt keinen ehrlicheren Bären als mich! Doch eines musst du mir versprechen: dass du niemandem erzählst, wie mich der kleine Hase zum Narren gemacht hat.“

Der Mann versprach es, holte mit der Axt aus und befreite den Bären aus seiner misslichen Lage. Der bedankte sich bei ihm und führte ihn zum Baum mit dem Honig.

Der Baum war im tiefen Wald. Um ihn herum summten die Bienen und süßer Honigduft verbreitete sich.

„Also, habe ich gelogen?“, fragte der Bär.

„Nein“, sagte der Mann und machte sich überglücklich auf den Weg nach Hause, um seinen Wagen zu holen. Dabei markierte er den Weg, um den Baum wiederfinden zu können.

Zu Hause angekommen spannte er die Ochsen vor den Wagen, lud ein Fass darauf und machte sich auf den Weg, um den Honig zu holen.

Bei Einbruch der Dunkelheit kehrte er mit einem vollen Fass nach Hause zurück. „Heute war mein Glückstag“, dachte er. Doch er wusste nicht, dass der Bär ihm hinterhergeschlichen war. „Du hast versprochen, es niemandem zu sagen“, murmelte der Bär vor sich hin, „jetzt werden wir sehen, ob du dein Versprechen hältst.“

Beim Haus angekommen, brachte der Mann den Wagen vor der Tür zum Stehen und nahm das Fass herunter. Der Bär aber versteckte sich unter dem Fenster und spitzte die Ohren.

Der Mann trug den Honig ins Haus. Alsbald versammelte sich die ganze Familie um das Fass. Da staunten die Frau und die Kinder: „Papa, Papa, woher hast du auf einmal so viel Honig?“

„Kinder, wenn ihr wüsstet, was ich heute im Wald erlebt habe!“, erwiderte der Mann. „Das hättet ihr sehen müssen!“

Der Bär unter dem Fenster spitzte die Ohren.

„Wie ich so durch den Wald gehe“, fuhr der Mann fort, „höre ich auf einmal jemanden rufen. Ich drehe mich um, und wen sehe ich da im Geäst der Buche – na, was meint ihr?“

„Einen Siebenschläfer!“

„Nein, keinen Siebenschläfer.“

„Einen Marder!“

„Nein, auch keinen Marder.“

„Ein Eichhörnchen!“

„Auch kein Eichhörnchen.“

„Eine Katze?“

„Nein, auch keine Katze.“

„Was dann?“

„Einen Bären! Einen großen, dummen, alten Bären. Er hat einen Hasen durch den Wald gejagt und ist im Geäst hängen geblieben. Stellt euch das einmal vor!“

Sie stellten es sich vor – und prusteten los vor Lachen.

„Ich habe den Bären aus dem Geäst befreit und zum Dank dafür hat er mir den Honig gezeigt. Hier! Das wird ein süßer Winter!“

Die Kinder lachten freudig.

Der Bär aber hatte alles mit angehört. Und es gefiel ihm nicht, oh nein, überhaupt nicht!

Am nächsten Morgen machte sich der Mann auf den Weg zum Feld, das neben dem Wald lag. Er spannte die Ochsen vor den Pflug und wollte gerade mit dem Pflügen beginnen, als der Bär aus dem Wald auftauchte.

„He, Gevatter, ist der Honig gut?“, fragte er ihn mürrisch.

„Ja“, erwiderte der Mann. „Sehr gut.“

„Und wer hat ihn dir gezeigt?“

„Du, lieber Bär.“

„Und hast du davon genommen, so viel du wolltest?“

„Ein ganzes Fass voll.“

„Wie schön“, sagte der Bär. Seine Stimme klang jedoch immer bedrohlicher. „Also habe ich meinen Teil der Abmachung eingehalten. Aber hast du mir gestern nicht auch etwas versprochen?“

„Ja ...“, antwortete der Mann.

„Und was hast du mir versprochen, lieber Gevatter? Na, erinnerst du dich?“

„Es niemandem zu erzählen.“

„Was zu erzählen?“

„Das mit dem Hasen.“

„Und was hast du gestern Abend zu deiner Frau und zu den Kindern gesagt?“

„Nichts! Ich habe ihnen erzählt, wie ich durch den Wald ging und den Baum gefunden habe und ...“

„Ich bin unter deinem Fenster gesessen und habe alles mit angehört“, unterbrach ihn der Bär. „Das ist eine Lüge, Gevatter, eine erbärmliche Lüge. Und an Versprechen hältst du dich auch nicht. Dafür musst du bestraft werden!“

Da bäumte sich der Bär auf und wollte gerade auf den Mann losgehen, als hinter dem Busch mit einem Mal ein Fuchs hervorlugte. Er wedelte mit dem Schwanz und schrie aus voller Kehle:

„Im Kopf dein Verstand, der Knüppel in der Hand! Im Kopf dein Verstand, der Knüppel in der Hand!“

Das verwirrte sowohl den Bären als auch den Mann. Der Bär hielt inne und der Mann schaute, was er da eigentlich in der Hand hielt. Doch es war kein Knüppel, sondern nur eine kleine Schaufel zum Säubern des Pflugs. „Soll ich damit etwa gegen den Bären kämpfen?“, dachte er. „Selbst es zu versuchen, wäre dumm.“

Und der Fuchs rief immer noch:

„Im Kopf dein Verstand, der Knüppel in der Hand! Im Kopf dein Verstand, der Knüppel in der Hand!“

„Vielleicht geht es gar nicht um den Knüppel?“, kam dem Mann in den Sinn. „Ruft er diese Worte vielleicht, weil der Verstand besser ist als ein Knüppel?“, dachte der Mann und alsbald fiel ihm ein, wie er entrinnen konnte.

„Warte, Bär!“, rief er und schüttete den ganzen Sack mit dem Weizen, den er zum Säen mitgebracht hatte, vor ihm aus. „Ich bin getauft und kann nicht sterben, ohne zuvor gebeichtet und für meine Sünden Buße getan zu haben. Ja, es stimmt, ich habe gelogen. Es stimmt auch, dass ich das Versprechen, das ich dir gegeben habe, nicht gehalten habe. Beides sind Sünden. Doch bin ich bereit, Buße zu tun. Deshalb steige in diesen Sack, damit ich dich tragen kann.

Dreimal werde ich dich von einem ans andere Ende des Feldes tragen wie einen Grafen. Einverstanden?“

„Einverstanden“, sagte der Bär. „Das ist deine Buße. Aber dann ...“

„Dann kannst du mit mir machen, was immer du willst“, unterbrach ihn der Mann. „Und nun steige in den Sack!“

„Oh, was für ein feiner Herr ich sein werde, wenn mich der Mann auf dem Rücken trägt“, dachte der Bär und gehorchte ihm. Der Mann aber band den Sack zu, brachte ihn in den tiefen Wald und stellte ihn dort ab.

Wieder auf dem Feld angekommen, dachte er, er könne nun in Ruhe pflügen. Doch auf dem Feld erwartete ihn schon der Fuchs.

„Dir ist wohl klar“, sagte der Fuchs, sobald er ihn erblickte, „dass es dir ohne mich heute sehr schlecht ergangen wäre. Sag, was ist deine Belohnung?“

„Ich kann dir meine Gänse geben“, schlug der Mann vor.
„Nein, ich will keine Gänse“, erwiderte der Fuchs.
„Gut, dann gebe ich dir meine Enten.“
„Ich will auch keine Enten.“
„Ich gebe dir meine Hühner.“
„Ich will deine Hühner nicht!“
„Was willst du dann?“
„Ich will ... die Nase!“, sagte der Fuchs.
„Die Nase!?“
„Ich will deine Nase.“
„Du willst meine Nase?“
„Ja. Abbeißen.“

„Wie soll ich bloß ohne Nase leben“, dachte der Mann und da ließ er vor lauter Angst – prrr! – einen fahren!

Das hörte der Fuchs und fragte: „Was war denn das?“

Der Mann ließ wieder einen fahren. Dann entsann er sich, wie der Fuchs ihm zugerufen hatte: „Im Kopf dein Verstand, der Knüppel in der Hand!“ und ließ noch einen fahren.

„Was ist denn das?“, wiederholte der Fuchs beunruhigt.

„Ach, nichts“, antwortete der Mann, „nicht der Rede wert.“

„Aber was ist es?“, fragte der Fuchs nun sichtlich nervös.

„Ich habe gestern Abend zufällig neun Jagdhunde verschluckt. Die wollen jetzt heraus, da hilft alles nichts, ich muss sie freilassen.“

„Warte, Gevatter, warte!“, rief der Fuchs. „Behalte deine Nase und die Gänse und die Enten und alles andere, aber bitte lass die Hunde nicht frei, bevor ich weg bin!“

Und flitz! Weg war er.

Und so kam es, dass der Fuchs keine Belohnung erhielt. Der Bär kämpfte noch lange mit dem Sack, der Hase blieb für immer frech und der Mann hatte das ganze Jahr über Honig.

WIE ES DER DIENER DEM HERRN HEIMZAHLTE

Es war einmal ein Mann, der hatte drei Söhne. Der Mann war ein Leibeigener und musste seinem Herrn dienen und alles tun, was dieser von ihm verlangte. Eines Tages befahl sein Herr, ihm seinen ältesten Sohn als Diener zu überlassen.

„Bitte nicht, Herr“, sagte der Leibeigene zu ihm. „Meine Söhne sind das Einzige, was ich habe, bitte verlange nicht, mich auch noch von ihnen zu trennen.“

„Zwei reichen dir“, erwiderte sein Herr. „Einen aber wirst du mir überlassen.“

Da wurde der Vater sehr traurig, doch er musste gehorchen und so ging er zu seinem ältesten Sohn und sagte:

„Mein liebes Kind, geh in das Schloss meines Herrn, diene ihm und tue, was er von dir verlangt.“

Als der Jüngling vor den Herrn trat, sagte dieser zu ihm:

„Du wirst einen Hund und ein volles Weinfass von mir bekommen. Der Hund wird dir den Weg zeigen. Wohin er geht, musst du ihm folgen. Und derjenige von uns beiden, den als Ersten die Wut packt, bezieht Prügel. Wenn dich zuerst die Wut packt, schwinge ich den Knüppel, und wenn mich zuerst die Wut packt, bekommst du den Knüppel in die Hand."

„In Ordnung", sagte der Jüngling, und der Herr ließ ein Fass mit Wein füllen, es auf einen Handwagen laden und dann den Hund holen.

Der Hund zog los und der Jüngling folgte ihm. Das Weinfass zog er hinter sich her, was ihm immer schwerer fiel. Der Hund rannte nämlich in alle Richtungen, durch einen Graben, über Zäune und über fremde Höfe.

Nach einer Weile packte den Jüngling die Wut und er kehrte mit dem Fass zurück. Der Herr empfing ihn mit der Frage:

„Wo bist du mit dem Weinfass entlanggegangen, und bist du wütend geworden?"

„Wie soll man nicht wütend werden mit diesem garstigen Hund, den Ihr mir gegeben habt!", schrie der Jüngling.

Sobald der Herr hörte, dass den Jüngling die Wut gepackt hatte, griff er nach dem Knüppel und begann auf ihn einzuschlagen. Er versetzte dem Ärmsten solche Schläge, dass dieser ganz krank nach Hause zurückkehrte.

Doch der Herr hatte noch nicht genug. Bereits am nächsten Tag suchte er seinen Leibeigenen abermals auf und forderte, ihm auch seinen zweiten Sohn als Diener zu schicken.

„Bitte nicht, Herr", sagte der Mann. „Sieh doch, in welchem Zustand mein ältester Sohn nach Hause zurückgekommen ist. Ich weiß nicht einmal, ob er überleben wird."

„Du bist mein Leibeigener und musst mir gehorchen", sagte der Herr. Da blieb dem Leibeigenen nichts anderes übrig, als ihm auch seinen zweiten Sohn zu schicken.

Zum zweiten Jüngling sagte der Graf ebenso wie zu dem ersten:

„Du wirst einen Hund und ein volles Weinfass von mir bekommen. Der Hund wird dir den Weg zeigen, wohin er

geht, musst du ihm folgen. Und derjenige von uns beiden, den als Ersten die Wut packt, bezieht Prügel. Wenn dich zuerst die Wut packt, schwinge ich den Knüppel, und wenn mich zuerst die Wut packt, bekommst du den Knüppel in die Hand."

Da brach der Jüngling mit dem Fass auf und folgte dem Hund, der in einen Wald davonjagte. Der Jüngling versuchte eine Weile, ihm zu folgen, doch dann packte ihn die Wut und er kehrte zurück.

Der Herr empfing auch ihn mit der Frage:

„Sag mir, wo bist du mit dem Weinfass entlanggegangen, und bist du wütend geworden?"

„Wie soll man nicht wütend werden mit diesem garstigen Hund, den Ihr mir gegeben habt!", schrie der Jüngling. „Da gehe ich hinter ihm her und gehe und gehe und komme nirgendwo an."

Sobald der Herr hörte, dass den Jüngling die Wut gepackt hatte, griff er nach dem Knüppel und begann auf ihn einzuschlagen. Er versetzte dem Ärmsten solche Schläge, dass dieser ganz krank nach Hause zurückkehrte.

Doch der Herr hatte immer noch nicht genug. Tags darauf suchte er seinen Leibeigenen abermals auf und forderte, ihm auch seinen dritten Sohn als Diener zu geben.

„Bitte nicht, Herr“, sagte der Mann. „Meinen jüngsten Sohn gebe ich nicht her, lieber gehe ich selbst in deinen Dienst.“

Das hörte der jüngste Sohn und fiel dem Vater ins Wort:

„Nein, Vater, du bist alt und kannst nicht in den Dienst gehen. Ich werde gehen und dienen, wie man dient. Nicht, wie meine Brüder es getan haben.“

Und so ging er mit dem Herrn mit.

Als sie im Schloss ankamen, zeigte der Herr auch ihm den Hund und sagte:

„Dieser Hund wird dir den Weg zeigen. Wohin er geht, wirst du ihm mit einem Wagen voller Weizen folgen. Und derjenige von uns beiden, den als Ersten die Wut packt, bezieht Prügel.“

„In Ordnung“, sagte der Diener, „so sei es.“

Und er folgte dem Hund mit einem Wagen voller Weizen. Sobald sie sich ein Stück vom Schloss entfernt hatten, ergriff der Diener den Hund und begann, auf ihn einzuschlagen.

Der Hund riss sich los und rannte davon. Der Jüngling aber brachte den Weizen nach Hause zu seinem Vater und kehrte mit dem leeren Wagen zum Herrn zurück.

„Wo ist der Hund und wo hast du den Weizen hingebracht?“, fragte ihn der Herr.

„Den Hund habe ich verprügelt. Wohin er gerannt ist, weiß ich nicht, und den Weizen habe ich meinem alten Vater gebracht, damit er etwas zu essen hat. Ihr seid doch nicht etwa wütend?“

„Nein, nein, kein bisschen“, sagte der Herr. „Hinter meinem Schloss jedoch befindet sich eine große Grube, die musst du heute Nacht auffüllen. Doch nicht mit etwas, womit man Gruben sonst auffüllt, weder mit Erde noch mit Zweigen noch mit Holz noch mit Steinen.“

„Ja“, sagte der Diener, „auch das werde ich tun. Warum nicht?“

Und so ging er hin und trieb in der Nacht das gesamte Vieh des Herrn in die Grube, die Schafe, die Kühe und die Pferde.

Am nächsten Morgen fragte der Herr:

„Hast du getan, was ich dir aufgetragen habe?“

„Oh ja, Herr“, sagte der Jüngling. „Ich habe die Grube mit Schafen und Kühen aufgefüllt, viele von ihnen haben sich die Beine gebrochen, sodass sie nicht mehr hinaus können. Ihr seid doch nicht etwa wütend?“

„Nein, nein, kein bisschen“, sagte der Herr. „Heute Abend jedoch, wenn ich von meinem Spaziergang wiederkehre, musst du mir den Weg erleuchten. Doch nicht mit etwas, womit man Wege erleuchtet, weder mit einer Kerze noch mit Öl noch mit Talg.“

„In Ordnung, Herr“, pflichtete der Jüngling bei. „Auch das werde ich tun. Warum nicht?“

Und als der Herr spazieren ging, machte sich der Diener an die Vorbereitungen. Sobald er den Herrn zurückkommen sah, zündete er den Kuhstall, den Schweinestall, den Hühnerstall und zwei Ballen Heu an.

„Ist das eine gute Beleuchtung, Herr?“, rief er, statt ihn zu grüßen. „Seht Ihr genug? Braucht Ihr noch mehr Licht?“

„Nein, nein, das reicht!“, rief der Herr.

„Seid Ihr wütend?“

„Nein, nein“, sagte der Herr, doch in Wirklichkeit kochte er vor Wut. Dann grübelte und grübelte er, welche unlösbare Aufgabe er dem Jüngling noch geben könnte. Bis ihm schließlich einfiel:

„Nun musst du mir noch drei Handvoll Federn des Teufels bringen.“

„Na gut, auch das werde ich tun“, antwortete der Diener und nahm sich das beste Pferd des Herrn.

„Ich werde ja wohl nicht zu Fuß gehen“, erklärte er und fragte den Herrn abermals, ob er etwa wütend sei.

„Nein, kein bisschen“, antwortete der Herr. Und zischte durch die Zähne:

„Geh zur Hölle, dort kannst du gleich bleiben.“

So ritt der Jüngling davon und ritt und suchte den Weg zur Hölle. Der Weg führte ihn am Königsschloss vorbei. Um das Schloss herum war ein schöner und großer Garten, in dem jedoch nichts wachsen wollte. Der Gärtner des Königs pflanzte und goss, doch vergeblich. Dies dauerte schon so lange, dass der König verkündet hatte, demjenigen, der den Garten zum Grünen und Blühen bringen würde, seine Tochter zur Frau und dazu das halbe Königreich zu geben. Dies alles erfuhr der jüngste Sohn des Leibeigenen im Gespräch mit dem Gärtner.

„Und du, wohin gehst du?“, fragte ihn der Gärtner.

„Ich gehe zur Hölle“, antwortete der Jüngling. „Ich muss drei Handvoll Federn des Teufels beschaffen.“

„Könntest du dort vielleicht auch fragen, warum in unserem Garten nichts wachsen will?“

„Ja, warum nicht?“, erwiderte der Jüngling und zog weiter.

Er ritt und ritt und erreichte schließlich das Meer. An der Küste war eine Seele, die dazu verdammt war, jeden, der vorbeikam, ans andere Ufer zu bringen. Der Jüngling bat sie, auch ihn hinüberzutragen, und sie fragte ihn, wohin er gehe.

„Ich gehe zur Hölle, um drei Handvoll Federn des Teufels zu holen“, erwiderte der Jüngling.

Da bat ihn die Seele:

„Lieber Jüngling, erkundige dich doch bitte dort nach mir und frage, wie lange ich die Menschen noch über das Meer tragen muss. Du musst wissen, es vergehen Jahre um Jahre, bis jemand vorbeikommt.“

„In Ordnung, auch danach werde ich fragen. Warum nicht?“, erwiderte der Jüngling.

Und nachdem ihn die Seele über das Meer getragen hatte, war er noch einen ganzen Tag lang unterwegs und erreichte am frühen Abend die Hölle. In der Hölle aber war niemand zu Hause außer einer alten Frau. Es war die Mutter des Teufels (der in dieser Geschichte ein Federkleid trug und wie ein zerzaustes Huhn aussah!).

„Was hast du, junger Mann, warum bist du gekommen?“, fragte das Mütterchen den Jüngling.

Da erzählte er ihr alles der Reihe nach: dass er drei Handvoll Federn des Teufels benötige und dass er gerne wissen würde, was mit dem Garten des Königs los sei, und wie lange sich die Seele noch quälen und die Menschen über das Meer tragen müsse.

„Mein Sohn ist böse“, sagte das Mütterchen daraufhin. „Es wäre besser für dich, ihn nichts davon zu fragen. Doch ich werde dir helfen, so gut ich kann.“

Dann versteckte sie ihn unter einem Waschtrog. Kurz darauf kam der Teufel nach Hause und begann zu schnüffeln.

„Wer ist noch hier außer dir?“, fragte er das Mütterchen.

„Niemand, das siehst du doch“, sagte das Mütterchen. Doch der Teufel war immer noch misstrauisch.

„Sag mir jetzt, wer noch hier ist, meine Nase trügt mich doch nicht!“

„Was hast du, Liebes?“, fragte das Mütterchen. „Hier ist niemand. Du bist es, der aus der Welt irgendwelche Gerüche mitgebracht hat. Es ist schon spät, du bist sicher müde.“

Und nach und nach überredete das Mütterchen den Teufel, sich schlafen zu legen. Als er in tiefen Schlaf gefallen war, ging sie zu ihm und riss ihm eine Handvoll Federn aus.

„Was ist?“, schreckte der Teufel aus dem Schlaf hoch.

„Ach, nichts“, sagte das Mütterchen. „Ich habe nur etwas Seltsames geträumt: vom Garten eines Königs, in dem nichts wachsen will.“

Da sagte er ihr, dass inmitten des Gartens drei Kessel voller Goldmünzen vergraben seien. Und wenn sie ausgegraben werden, würde der Garten zu grünen und blühen beginnen. Er murmelte es und schlief wieder fest ein.

Ein wenig später riss ihm das Mütterchen eine zweite Handvoll Federn aus.

„Was tust du da?“, schreckte der Teufel wieder hoch. „Warum lässt du mir keine Ruhe?“

„Ach, nichts, Liebes“, antwortete das Mütterchen wieder. „Ich habe wieder etwas Seltsames geträumt. Neben dem Meer war eine Seele, die dazu verdammt war, die Menschen auf die andere Seite zu tragen, und sie fragte sich, wie lange das noch so dauern würde.“

Da lachte der Teufel auf.

„Sie hätte sich längst befreien können, wenn sie nur wüsste, was sie nicht weiß. Wenn sie den, den sie trägt, ins Meer wirft, so ist sie frei.“

Dann fiel der Teufel wieder in tiefen Schlaf. Die dritte Handvoll Federn riss das Mütterchen ihm so vorsichtig aus, dass er sich im Schlaf nur einmal umdrehte.

„Hier hast du, wonach du gesucht hast", sagte das Mütterchen zum jüngsten Sohn des Leibeigenen, als sie den Waschtrog hochhob, unter dem sie ihn versteckt hatte. Und sie erzählte ihm alles, was der Sohn zu ihr gesagt hatte.

„Danke von Herzen!", flüsterte der Jüngling und küsste das Mütterchen auf die Wange.

„Und nun geh!", sagte sie lächelnd. „Und erzähle der Seele nichts, bevor sie dich über das Meer getragen hat."

Kurz darauf erreichte der Jüngling die Küste. Die Seele erwartete ihn bereits und wollte wissen:

„Hast du gefragt? Hast du etwas erfahren?"

„Trage mich zuerst über das Meer, dann werde ich dir alles sagen", antwortete der Jüngling.

Als sie ihn hinübergetragen hatte, sagte er:

„Den Nächsten, der vorbeikommt, musst du ins Meer werfen, dann bist du frei."

„Ach, ich Ärmster! Das hättest du mir vorher sagen sollen, lieber Mann! Jetzt werden wieder Jahre um Jahre vergehen, bis jemand vorbeikommt."

„Nein, hab keine Angst", tröstete der Jüngling die Seele. „Es wird schon bald jemand kommen."

Dann zog er weiter und erreichte kurz darauf den Garten des Königs. Als ihn der Gärtner erblickte, eilte er ihm entgegen.

„Hast du etwas über unseren Garten erfahren?"

„Ja", erwiderte der Jüngling. „Ich benötige nur ein paar Leute, dann werden wir im Nu alles Nötige erledigen."

Da stellten sie ihm sogleich ein paar Diener zur Seite, mit denen er die drei Kessel voller Goldstücke ausgrub.

Nach wenigen Tagen begann der Garten zu grünen und die Obstbäume begannen zu blühen. Der König sah es, freute sich und löste sein Versprechen ein. Er gab dem Jüngling

seine Tochter zur Frau und schenkte ihm die Hälfte des Königreichs und die Hälfte der Goldstücke. Dann bat er ihn, bei ihm zu bleiben, doch der jüngste Sohn des Leibeigenen sagte, er müsste zuerst noch etwas erledigen. Da gab ihm der König eine Kutsche und Geleit, und er kehrte zurück zum Herrn, der ihn auf die Reise geschickt hatte.

Der entdeckte die Kutsche und das Geleit schon von Weitem, ging ihnen entgegen und fragte, sobald er den Jüngling erblickte:

„Hast du drei Handvoll Federn des Teufels mitgebracht?"

„Ja, ich habe drei Handvoll Federn des Teufels mitgebracht", verkündete der Jüngling.

„Und woher hast du die Kutsche und das Geleit?", fragte der Herr.

„Aus einem Land auf der anderen Seite des Meeres, Herr", sagte der jüngste Sohn des Leibeigenen, „dort habe ich all das bekommen. Dort bieten sich Euch Schätze, Königreiche und alles, was das Herz begehrt."

„Aber wie soll ich über das Meer kommen?", fragte der Herr.

„Ganz einfach", erwiderte der Jüngling. „An der Küste kann es eine Seele kaum erwarten, dass jemand vorbeikommt, den sie ans andere Ufer tragen kann."

„Meinst du, ich könnte auch dorthin gehen und einen Schatz finden?"

„Warum nicht, Herr? Es ist leicht, dorthin zu gelangen. Immer nur geradeaus bis zur Küste, wo die Seele, die Euch hinübertragen wird, schon wartet."

„Gut! Dann werde ich mir dort auch etwas beschaffen!"

Und so brach der Herr, gierig nach leichter Beute, noch am selben Tag auf. Und es war alles genauso, wie der Jüngling gesagt hatte – wenigstens anfangs. Als er das Meer erreichte, fand er die Seele, und sie nahm ihn mit über das Wasser. Doch auf halbem Weg schüttelte sie ihn von der Schulter und warf ihn – platsch! – ins Meer. Und flog befreit davon.

Der Jüngling aber ging zu seinem Vater und zu seinen Brüdern und holte sie zu sich in sein neues Königreich – besser gesagt, in sein halbes Königreich –, wo sie alle zusammen ein schönes und glückliches Leben führten.

Der Herr aber wandelt noch heute über den Meeresboden und füttert die Fische.

DAS GOCKELCHEN UND SEINE FREUNDE

Es war einmal ein Gockelchen, das hatte genug vom Leben auf dem Bauernhof.

„Es ist eng hier und alles ist immer gleich", dachte es, „das Ferkel grunzt, die Hühner tun so, als könnten sie fliegen, und der Gänserich sucht Streit. Die graue Taube hat gesagt, hinter unserem Zaun liege die große, weite Welt. Dort gibt es bestimmt viel spannendere Orte als diesen Hof."

Und da beschloss es, loszuziehen.

Es nahm Anlauf, sprang und schon war es über den Zaun geflogen. Sehr zufrieden darüber, dass bereits sein erster Versuch geglückt war, folgte es einem Feldweg.

Wie es so marschierte und marschierte, begegnete es einem Truthahn. Der Truthahn hatte an diesem Morgen im staubigen Gras am Wegesrand vergeblich nach einem schmackhaften Bissen gesucht und konnte es kaum erwarten, mit jemandem zu reden.

„Wohin gehst du?“, fragte er das Gockelchen.

„Ich gehe in die Welt hinaus“, erwiderte das Gockelchen.

„Und wie ist es dort?“, fragte der Truthahn.

„Das weiß ich erst, wenn ich dort bin“, erwiderte das Gockelchen.

„Gibt es dort auch Platz für mich?“, fragte der Truthahn.

„Natürlich, die Welt ist groß“, erwiderte das Gockelchen.

„Kann ich dann mitkommen?“, fragte der Truthahn.

„Also gut, komm mit, zu zweit ist es lustiger“, willigte das Gockelchen ein.

Und so zogen sie zusammen weiter.

Das Gockelchen und der Truthahn gingen den Weg entlang und kamen an einem Gewässer vorbei. Es war weder ein Bach noch ein See, sondern eine Pfütze, die der letzte Regen hinterlassen hatte. Und in dieser kleinen Pfütze badete eine Ente. Die hatte genug vom Baden in einer solchen Pfütze.

„Wohin geht ihr?“, fragte die Ente das Gockelchen und den Truthahn.

„Wir gehen in die Welt hinaus“, antworteten die beiden.

„Gibt es dort schönere Gewässer zum Baden?“, fragte die Ente. „In dieser winzigen Pfütze kann ich ja nicht einmal die Beine ausstrecken!“

„Das weißt du erst, wenn du dort bist“, erwiderte das Gockelchen.

„Ich würde gerne nachsehen“, sagte die Ente. „Darf ich mitkommen?“

„Ja“, willigte das Gockelchen ein, und der Truthahn fügte hinzu:

„Je mehr wir sind, desto lustiger wird es.“

Und so zogen sie zu dritt weiter und der Weg führte sie an einem Gebüsch entlang. Mit einem Mal sprang ihnen ein großer weißer Gänserich aus dem Gebüsch direkt vor die Füße. Er war schlecht gelaunt. Denn kurz zuvor hatte er mit einem ihm gleichen, nur etwas größeren weißen Gänserich gekämpft. Und den Kürzeren gezogen.

„Wohin geht ihr?“, fragte er das Gockelchen, den Truthahn und die Ente.

„Wir gehen in die Welt hinaus“, antworteten diese.

„Ist die Welt weit weg von hier?“, fragte der Gänserich.

„Je weiter, desto besser“, erwiderte das Gockelchen.

„Darf ich mitkommen?“, fragte der Gänserich.

Das Gockelchen war nicht gerade begeistert, denn es hatte schlechte Erfahrungen mit Gänserichen gemacht, doch der Truthahn sagte:

„Ja.“

Und die Ente fügte hinzu:

„Je mehr wir sind, desto lustiger wird es.“

Und so zogen sie zu viert weiter. Bald aber hatten sie genug vom Feldweg. Deshalb schlugen sie einen anderen Pfad ein und fanden sich bald in einem Wald wieder.

Das erste Tier, dem sie im Wald begegneten, war ein Hase. Auch der Hase erkundigte sich, wohin sie gingen und warum, und fragte, ob er mitkommen dürfe. So waren sie nun zu fünft.

Dann begegneten sie einem Igel. Der sehnte sich nach neuen Freunden und Abenteuern. Und so schloss sich ihnen auch der Igel auf dem Weg in die Welt hinaus an.

Das Gockelchen und der Truthahn, die Ente und der Gänserich und der Hase und der Igel – sie alle gingen nun zusammen den Waldweg entlang, bis es dunkel wurde.

Als die Nacht hereinbrach, wurden sie von Angst beschlichen.

„Wir müssen für die Nacht einen Unterschlupf finden“, sagte das Gockelchen.

„Ja, das müssen wir“, pflichteten der Truthahn, die Ente und der Gänserich bei.

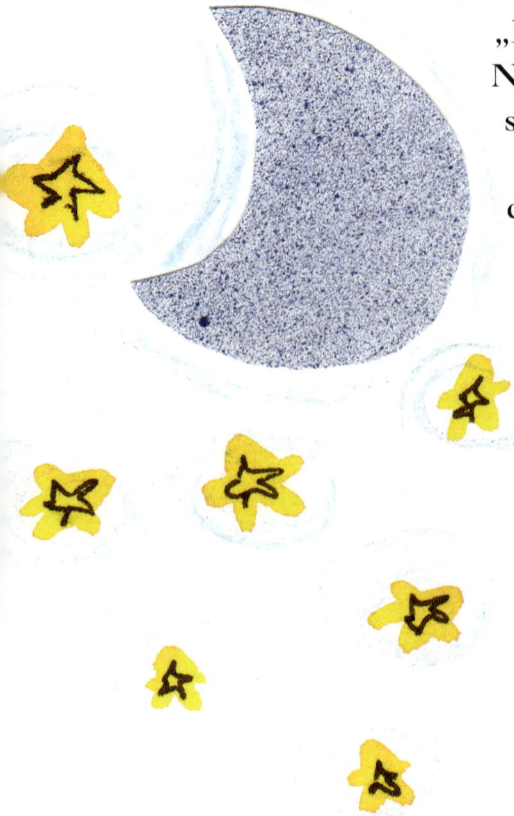

„Ich kenne einen schönen Bau in der Nähe“, sagte der Hase. Der Igel jedoch schwieg.

„In Ordnung, zeig ihn uns“, entschied das Gockelchen.

Da gingen sie alle zusammen zum Hasenloch. Das Hasenloch war schön, aber zu klein für alle. Das hatte der Igel schon vorher gewusst, doch er wollte, dass sie sich selbst davon überzeugen.

„Irgendwo hier in der Nähe gibt es einen hohlen Baum“, sagte nun der Igel. „Darin ist Platz für uns alle.“

„Dann führe uns dorthin“, sagte das Gockelchen.

Der Igel führte sie zum hohlen Baum und tatsächlich: Es war genug Platz. Sie krochen einer nach dem anderen in die Baumhöhle: das Gockelchen, der Truthahn, die Ente, der Gänserich und der Hase.

Den Igel aber stellten sie vor der Höhle als Wache auf. Denn Igel sind nachts sowieso wach. Zumindest, wenn sie den Tag über genug geschlafen haben.

Sie waren müde von der Reise und schliefen schon bald ein. Das Gockelchen, der Truthahn, die Ente, der Gänserich und der Hase. Und sogar der Igel, der, wie man sieht, an diesem Tag nicht genug geschlafen hatte.

Nicht weit von ihnen entfernt erwachte gerade ein Fuchs.

Er öffnete die Augen, streckte sich und spürte, dass er Hunger hatte. Doch er hatte keine Lust, allein auf die Jagd zu gehen. „Zusammen ist es schöner“, dachte er und ging zur nahe gelegenen Höhle, in der sein Freund, der graue Wolf, schlief.

„He, Wolf!“, rief er. „Bist du wach?“

„Jetzt schon“, antwortete der Wolf gähnend.

„Sag bloß, ich habe dich aufgeweckt!“

„Sei’s drum. Was willst du?“

„Ich wollte wissen, ob du Hunger hast.“

„Wer hat keinen Hunger, wenn er aufwacht?“

„Ich weiß nicht, aber ich wollte dich fragen, ob du mit mir zusammen auf Besorgungstour gehst.“

„Du hast wohl keine Lust, allein auf die Jagd zu gehen“, lachte der Wolf. „In Ordnung, und wohin gehen wir heute Nacht?“

„Zur Baumhöhle“, erwiderte der Fuchs. „Du weißt schon, zu der, in der wir schon öfter einen schmackhaften Bissen gefunden haben.“

Ja, richtig: Es handelte sich um eben jenen Baum, in dem sich das Gockelchen und seine Freunde versteckt hielten.

Der Wolf war mit dem Vorschlag des Fuchses einverstanden, und so brachen die beiden auf in die dunkle Finsternis: der Fuchs voran und der Wolf hinterher.

Doch als sie beim hohlen Baum ankamen, trat der Fuchs auf den Igel, der vor der Baumhöhle schlief. Da erschrak er und sagte zum Wolf:

„Hier sind lauter spitze Stacheln, hier werden wir nur schwer hindurchkommen!“

„Versuche, hindurchzukommen und in die Baumhöhle zu

kriechen", schlug der Wolf vor. „Du bist kleiner, für dich ist es leichter als für mich."

„In Ordnung", sagte der Fuchs und näherte sich dem Baum vorsichtig.

Der Igel aber war natürlich aufgewacht, als der Fuchs auf ihn getreten war. Während sich der Wolf und der Fuchs unterhielten, verschwand er in der Baumhöhle und schlug Alarm.

„Der Fuchs und der Wolf!", rief er. „Der Fuchs und der Wolf!"

Da erwachten sie alle. Das Gockelchen flatterte mit den Flügeln und der Hase hüpfte vor Angst in der Baumhöhle wild hin und her und hämmerte mit seinen Pfötchen gegen den Baum.

Der Fuchs hörte das Flattern und Hämmern, kehrte zum Wolf zurück und sagte:

„Hör mal, Wolf, ich glaube, da drin will sich jemand prügeln. Das wird kein gutes Ende nehmen, fürchte ich."

„Schau doch noch mal genauer nach", flüsterte der Wolf ihm zu. „Wenn er allein ist, wird es ein Leichtes sein, ihn zu bezwingen."

Da näherte sich der Fuchs wieder der Baumhöhle, der Wolf aber wartete für alle Fälle in sicherer Entfernung.

In der Baumhöhle begann der Truthahn vor Angst laut zu rufen:

„Gack, gack! Gack, gack! Gack, gack!"

Die Ente tröstete ihn und rief noch lauter:

„Hab keine Angst! Wir sind zu sechst! Hab keine Angst! Wir sind zu sechst!"

Das hörte der Fuchs und rief dem Wolf zu:

„Hast du das gehört, Wolf? Sie sind zu sechst, wir sind aber nur zu zweit!"

„Das ist nicht gut", erwiderte der Wolf. „Aber wir wissen,

wie viele sie sind, sie jedoch wissen nicht, wie viele wir sind. Wir können sie im Dunkeln überraschen."

„Vielleicht", sagte der Fuchs und schlich einen Schritt näher an die Baumhöhle heran.

Doch als drinnen nun auch noch der Gänserich zu zischen begann, wurde es dem Fuchs zu viel.

„Hör mal, Wolf, da drinnen zündet jemand eine Kerze an! Sie werden uns sehen, und dann sind wir dran. Lass uns lieber abhauen, solange es noch nicht zu spät ist!"

„Ja, lass uns abhauen!", stimmte der Wolf zu, dem das ganze Unterfangen ohnehin nicht gefiel.

Und so rannten sie davon.

Und hatten an diesem Abend nichts zu essen.

In dem hohlen Baum aber wurde gefeiert. Das Gockelchen, der Truthahn, die Ente, der Gänserich und der Hase riefen laut durcheinander und hüpften vor Freude. Und sogar der Igel, dem der Fuchs eine Pfote gequetscht hatte. Und da beschlossen sie, alle zusammen im Wald zu bleiben, denn niemand würde es mit ihrem Mut und ihrer Klugheit aufnehmen können.

DER JÜNGLING UND DER DÄMONENKAISER

Es war einmal ein sehr armer Mann. Er lebte mit seiner Frau in einem baufälligen Häuschen am Ende des Dorfes und jeder ging ihm aus dem Weg. Selbst auf die Jagd wollte ihn niemand begleiten. Daher ging der arme Mann allein jagen.

So machte er sich eines Tages auf in den Wald, in der Hoffnung, etwas zu fangen, um sich und seine Frau wenigstens für eine Weile ernähren zu können. Er ging und ging, als plötzlich ein Hirsch vor ihm auftauchte. Da rannte der Mann dem Hirsch hinterher, doch er musste lange rennen. Drei Tage lang jagte er den Hirsch, bis es ihm schließlich glückte, ihn zu fangen. Und da begriff er, völlig erschöpft, wie weit er von zu Hause weggerannt war, und dass er sich verirrt hatte, und er rief:

„Ach, würde mir doch jemand den Weg nach Hause zeigen, ich würde ihm meine ganze Jagdbeute überlassen!“

Da tauchte eine sonderbare Gestalt vor ihm auf und sagte:

„Ich zeige dir den Weg. Aber wirst du mir dafür den Schatz geben, der heute in dein Haus gekommen ist?“

„Was für einen Schatz?“, antwortete der Mann verwirrt. „Ich bin arm, in meinem Haus gibt es keine Schätze. Doch ich kann dir diesen Hirsch hier geben.“

„Ich will den Hirsch nicht“, sagte der Unbekannte, „sondern deinen Schatz.“

„Also gut“, willigte der Mann schließlich ein. „Wenn ich etwas bekommen habe, so sollst du es haben, führe mich nur aus diesem Wald hinaus.“

„Was immer du bekommen hast, wird also mir gehören?“

„Du sollst es haben.“

„Versprochen?“

„Versprochen.“

Nachdem sie diese Abmachung getroffen hatten, führte ihn der Unbekannte durch den Wald und alsbald erreichten sie das Haus. Noch ganz verwundert darüber, dass sie so schnell angekommen waren, drehte sich der arme Mann nach dem Unbekannten um, der aber war bereits verschwunden. Denn die sonderbare Gestalt war niemand anders als der Dämonenkaiser selbst.

Der arme Mann betrat das Haus, und siehe da: Seine Frau hatte an diesem Tag einen Sohn geboren!

Da begriff der Ärmste, was er versprochen hatte! Doch er konnte sein Versprechen nicht mehr zurücknehmen. Er verkroch sich in eine Ecke und weinte um das Kind. Aber er sagte zu niemandem ein Wort.

Die Zeit verging und der Junge wuchs heran. Sein Vater aber hörte nicht auf zu trauern. Jeden Tag fragte er sich, wann der Dämonenkaiser sein Kind holen würde. Die Frau bemerkte seine Trauer und fragte ihn immer wieder, was mit ihm los sei, doch er antwortete stets, dass er es ihr nicht sagen könne.

Als der Junge fünf oder sechs Jahre alt war, erzählte er seiner Frau endlich, was an jenem Tag im Wald geschehen war. Da begann auch die Frau zu weinen, und so trauerten sie gemeinsam, worüber sich das ganze Dorf wunderte. „Was haben diese Leute nur?“, fragten die Dorfbewohner sich. „Sie haben doch einen so wunderbaren Sohn, warum sind sie denn immerzu traurig?“

Als der Junge größer wurde, bemerkte auch er, dass sein Vater und seine Mutter immerzu weinten, und da fragte er sie, was mit ihnen los sei. Zunächst wollten sie es ihm nicht sagen, doch als er neunzehn Jahre alt war, erzählte ihm der Vater, wie er am Tag seiner Geburt im Wald den Dämonenkaiser getroffen und was er ihm versprochen hatte.

„Habt keine Angst“, sagte der Junge. „Ich werde den Dämonenkaiser aufsuchen und ihn fragen, warum er von dir verlangt hat, mich ihm zu versprechen.“

„Bitte, geh nicht, Kind!“, flehten die Eltern ihn an. „Warte lieber, bis er kommt.“

„Ich will nicht, dass wir in ständiger Angst leben“, sagte der Junge. „Ich werde zu ihm gehen und ihn fragen, was er von mir will.“

„Aber wenn du zum Dämonenkaiser gehst, wirst du nie wieder zurückkommen“, sagten die armen Eltern immer wieder.

„Doch, das werde ich“, beschwichtigte sie der Jüngling. „Habt keine Angst!“

Und so brach er auf in den Wald, in dieselbe Richtung, die sein Vater neunzehn Jahre zuvor eingeschlagen hatte.

Er irrte und irrte umher, bis er nach drei Tagen auf ein abgeschiedenes Häuschen stieß. Es war klein, flach und mit Moos bedeckt. Über dem Haus flog ein Rabe. Der krähte verzagt und kreiste unaufhörlich über dem Dach. Da packte den Jungen die Neugier. Er fragte sich, was in dem Häuschen sein möge und spähte durch ein Fenster. Drinnen

saß ein trauriges Mütterchen. Der Junge klopfte und trat ein.

„Was machst du hier bloß, liebes Kind!“, sagte die alte Frau, statt ihn zu grüßen. „Geh schnell nach Hause, sonst wird es dir noch so ergehen wie mir!“

„Was ist dir denn passiert, Mütterchen?“, fragte der Jüngling.

„Siehst du den Raben, der unaufhörlich über meinem Haus seine Kreise zieht, liebes Kind?“

„Ja.“

„Das ist mein Sohn. Der Dämonenkaiser hat ihn in einen schwarzen Vogel verwandelt, weil er ihm nicht gehorchen wollte. Deshalb sage ich dir, geh schnell nach Hause, solange du noch kannst.“

„Ich habe keine Angst, Mütterchen, sag mir nur, wo ich diesen Dämonenkaiser finden kann.“

„Wenn du unbedingt willst“, sagte die alte Frau, „mein Sohn, der Rabe, wird dich zum silbernen Fluss führen. Die Töchter des Dämonenkaisers kommen dorthin zum Baden. Sie werden dir sagen, wo du ihn finden kannst. Am Fluss gibt es eine große Höhle. Verstecke dich darin. Doch gib Acht, dass dich die Töchter des Dämonenkaisers nicht schlafend vorfinden. Wenn sie dich erblicken, bevor du sie erblickst, werden sie dich in Stücke reißen. Wenn du sie aber zuerst siehst, wird alles gut werden.“

Der Junge nächtigte im Haus der alten Frau und am nächsten Morgen brachen er und der Rabe auf. Der Rabe flog vor dem Jungen her und der Junge folgte ihm. Nach einem langen Fußmarsch erreichten sie den silbernen Fluss. Dort fanden sie auch die Grotte, von der das Mütterchen erzählt hatte, und der Junge versteckte sich darin. Er gab

Acht, nicht einzuschlafen, vielleicht aber hätte ihn die Müdigkeit dennoch übermannt, wenn der Rabe nicht mit ihm Wache gehalten und immer wieder gekräht hätte. So blieb er bis zur Ankunft der Töchter des Dämonenkaisers wach.

Wie drei Pfauenfrauen kamen sie angeflogen. Sowie sie den Boden berührten, ließen sie ihre Federn wie Kleider zu Boden gleiten, und obwohl es schon dunkel war, konnte man es sehen: Es waren drei Mädchen. Sie stiegen in den silbernen Fluss und begannen zu schwimmen.

Sie schwammen dreimal über den Fluss und wieder zurück. Nach dem dritten Mal stiegen sie nacheinander aus dem Wasser und zogen die Pfauenfedern wieder an. Doch der Jüngsten von ihnen, die als Letzte aus dem Wasser stieg, hatte der Junge das Federkleid gestohlen.

Die älteren Schwestern waren bereits davongeflogen, als die jüngste Tochter des Dämonenkaisers rief:

„Wo sind meine Federn? So kann ich doch nicht nach Hause gehen! Ach, ich Ärmste, was soll ich nur tun?“

Da kam der Jüngling aus seinem Versteck hervor.

„Ich habe das Kleid genommen“, sagte er. „Du bekommst es zurück, wenn du mir versprichst, mich zum Dämonenkaiser zu führen.“

„Das werde ich“, erwiderte das Mädchen. „Ich bin seine Tochter und werde dir den Weg zu seinem Schloss zeigen.“

„Versprochen?“

„Versprochen.“

Der Junge gab ihr das Federkleid zurück. Sie streifte es über und verwandelte sich wieder in eine Pfauenfrau. Er

fand es schade, dass sie nun wieder ein Vogel war. Sie hatte ihm als Mädchen wirklich gefallen. Und er ihr auch.

„Komm“, sagte sie nun als zu ihm, „reiß mir eine Schwanzfeder aus. Und wenn du in Schwierigkeiten gerätst, musst du nur in die Feder blasen, dann schicke ich dir Hilfe.“

Der Jüngling gehorchte, riss ihr eine Feder aus und steckte sie in seine Hosentasche. Dann folgte er der Pfauenfrau zum Schloss des Dämonenkaisers.

Als er das Schloss erreichte, staunte er sehr: Es war aus schwarzem Stein, der Hof aus Blei, darum herum ein Wall mit scharfen Spitzen und dahinter ein tiefer Graben voller Wasser und Schlamm.

Als der Dämonenkaiser hörte, dass Besuch gekommen war, ging er hinaus auf den Hof und fragte den Ankömmling:

„Wer bist du und warum bist du gekommen?“

„Ich bin gekommen, um dich zu fragen“, erwiderte der Jüngling, „warum du vor neunzehn Jahren von meinem Vater verlangt hast, mich dir zu versprechen.“

„Mein Leitsatz ist: je mehr, desto besser!“, erwiderte der Dämonenkaiser. „Es kann nie genug Diener auf meinem Schloss geben.“

„Warum bist du dann nicht gekommen, um mich zu holen?“

„Was hätte ich denn von einem Kind gehabt? Ich wusste, dass du von allein kommen würdest, wenn die Zeit reif ist.“

„Ja, ich bin gekommen, aber dienen möchte ich dir nicht.“

„Das möchtest du also nicht?“

Der Dämonenkaiser sah den Jungen an.

„Dann machen wir es folgendermaßen“, sagte er. „Ich werde dir drei Aufgaben stellen. Wenn du sie erfüllst, bist du frei. Wenn du sie nicht erfüllst, bist du mein.“

„Ich werde sie erfüllen“, sagte der Junge. „Was verlangst du von mir?“

„Das haben schon viele gedacht“, lachte der Dämonenkaiser. „Heute also wirst du den bleiernen Hof pflügen, Weizen säen, ernten, mahlen und mir ein Brot zum Abendessen backen.“

„Das werde ich“, erwiderte der Jüngling, als sei es das Gewöhnlichste auf der Welt.

„Das solltest du auch besser“, sagte der Kaiser lachend. „Denn gelingt es dir nicht, bist du für immer mein.“

Als er wieder allein war, zog der Jüngling die Feder aus seiner Hosentasche und blies hinein. Sowie er hineinblies, erschien die älteste Dämonentochter vor ihm – sie war dem Jüngling von der jüngsten Schwester als Erste zu Hilfe geschickt worden.

„Was soll ich tun?“, fragte das Mädchen.

„Das Blei pflügen, den Weizen säen, ihn ernten und ein Brot backen. Und alles bis heute Abend.“

„Gut“, sagte die älteste Tochter des Dämonenkaisers. „Sobald die Nacht hereinbricht, wirst du das Brot haben.“

Und tatsächlich erfüllte sie alles so, wie der Dämonenkaiser es verlangt hatte. Als der Dämonenkaiser sich am Abend zu Tisch setzen wollte, brachte der Junge ihm das warme Brot. Dem Kaiser blieb nichts anderes übrig, als ihn an den Tisch zu bitten, und so aßen sie gemeinsam zu Abend. Nach dem Abendessen wurde dem Jungen ein Schlafgemach zugeteilt und der erste Tag im Dämonenschloss neigte sich dem Ende zu.

Tags darauf weckte der Dämonenkaiser den Jüngling und rief ihn auf den Hof.

„Siehst du den tiefen Graben, der mein Schloss umgibt?“, fragte er.

„Ja, natürlich“, sagte der Junge.

„Ist er nicht voll mit Wasser?“

„Übervoll sogar.“

„Trockne nun also diesen Graben aus, bis weder Wasser noch Schlamm darin bleiben. Sondern nur Staub. Sonst – du weißt schon!“

Der Junge ging zum Graben und betrachtete das Wasser und den Schlamm. Unweit davon waren Menschen angekettet, die für den Dämonenkaiser – wer weiß wie lange schon – ohne Speis und Trank arbeiten mussten. Dem Jungen kam in den Sinn, dass auch er so enden könnte, doch dann erinnerte er sich wieder an seine Feder, zog sie aus der Hosentasche und blies hinein.

Da kam die mittlere Schwester angeflogen – nun war sie von der jüngsten Schwester zu Hilfe geschickt worden.

„Was verlangt mein Vater von dir?“, fragte sie.

„Ich soll den Graben austrocknen und nur Staub soll zurückbleiben. Kannst du mir dabei helfen?“

„Hab keine Angst“, sagte die mittlere Schwester. „Hier ist der Schlüssel, befreie die Menschen dort von ihren Ketten und sage ihnen, dass sie das Wasser bis zum letzten Tropfen austrinken sollen.“

Der Jüngling ging zu den Menschen, befreite sie und rief:

„Trinkt das Wasser, trinkt, sodass nur Staub zurückbleibt!“

„Das werden wir!“, sagten sie, und so war auch die zweite Aufgabe erfüllt.

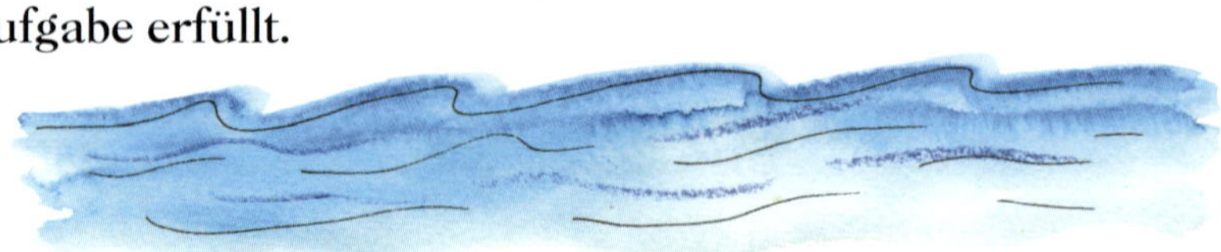

Am dritten Morgen weckte der Dämonenkaiser den Jungen und sagte zu ihm:

„Junge, hör zu, heute wirst du den goldenen Schweifstern für mich fangen, mit ihm möchte ich mein Pferd beschlagen. Wenn du ihn mir nicht bringst, bist du für immer mein."

Der Junge trat aus dem Schloss und blies sogleich in die Feder. Da erschien die jüngste Tochter des Kaisers, und er freute sich sehr, sie wiederzusehen.

„Was ist los?", fragte ihn das Mädchen.

„Ich muss deinem Vater den goldenen Schweifstern bringen. Er will damit sein Pferd beschlagen."

„Und das wirst du auch", sagte die jüngste Tochter. „Der goldene Schweifstern geht an den silbernen Fluss Wasser trinken, an jene Stelle, an der wir gebadet haben. Ich werde dir zwölf Dämonenlehrlinge zur Seite stellen. Die werden den Stern fangen, wenn er sich über den Fluss beugt."

„Gut", sagte der Junge.

Bei Sonnenuntergang brachte ihm die jüngste Tochter des Dämonenkaisers zwölf Lehrlinge und so machten sich alle gemeinsam auf zum Fluss. Sie warteten und warteten, bis der goldene Schweifstern erschien. Er ließ sich auf den Boden herab, trat an den Fluss, beugte sich über das Wasser und begann zu trinken. Da sprangen die zwölf Begleiter auf und umringten ihn. Beim Versuch, ihn zu fangen, brachen sie ihm sämtliche Flügel. Schließlich aber ergriffen sie ihn und übergaben ihn dem Jungen. Als der Junge den goldenen Schweifstern davontrug, hörte er, wie ihm die jüngste Tochter des Dämonenkaisers zuflüsterte:

„Übergib ihn dem Kaiser nicht in die Hände, sondern wirf ihn in den Wasserkessel. Dann werden dem Stern neue Flügel wachsen und er wird entkommen."

Der Junge nickte und lächelte. Er war froh, den armen

Stern nicht dem Dämonenkaiser überlassen zu müssen. Die Stimme des Mädchens fuhr fort:

„Dann sage zu ihm, dass du die drei Aufgaben erfüllt und eine Belohnung verdient hast. Das wird der Kaiser dir nicht ausschlagen können, und er wird fragen, was du dir wünschst. Du sollst dir aber mich, seine jüngste Tochter, und einen Windwagen wünschen. Vergiss nicht, dass du sonst nichts aus seinem Schloss mitnehmen darfst.“

Der Junge tat so, wie sie es gesagt hatte: Er brachte dem Kaiser den Stern und warf ihn in den mit Wasser gefüllten Kessel. Der Kaiser wollte nach ihm greifen, doch dem Stern waren bereits neue Flügel gewachsen. Er flog so schnell davon, dass der Kaiser nur noch die goldene Spur sehen konnte, die er hinterließ.

„Ich habe dir den Stern gebracht“, sagte der Junge, „du bist selbst schuld, dass du ihn nicht festhalten konntest.“

„Und was möchtest du jetzt?“, fragte der Dämonenkaiser verärgert.

„Ich habe die drei Aufgaben erfüllt und eine Belohnung verdient.“

„Dort ist meine Schatzkammer, nimm dir so viele Goldstücke, wie du möchtest.“

„Ich will keine Goldstücke.“

„Ich habe auch Juwelen.“

„Ich will keine Juwelen.“

„Was willst du dann?“, fragte ihn der Dämonenkaiser, obgleich er bereits wusste, was der Junge im Sinn hatte.

„Deine jüngste Tochter und einen Windwagen.“

„Wusste ich doch, dass sie ihre Finger mit im Spiel hatte, allein hättest du meine drei Aufgaben niemals erfüllen können“, murrte der Dämonenkaiser, doch gab er dem Jüngling, worum er gebeten hatte.

„Und noch etwas will ich“, fügte der Jüngling hinzu. „Drei

Aufgaben habe ich erfüllt, also wäre es nur recht, wenn auch du mir drei Wünsche erfüllst.“

„Juwelen oder Goldstücke?“, lächelte der Dämonenkaiser in der Hoffnung, der Junge würde doch noch darauf hereinfallen.

„Ich will, dass du dem Raben seine menschliche Gestalt wiedergibst.“

Der Dämonenkaiser seufzte und erfüllte ihm auch diesen Wunsch.

Da setzten sich der Jüngling und das Mädchen in den Windwagen und waren im Nu bei den Eltern des Jungen. Die Ärmsten wären vor lauter Angst um ihren einzigen Sohn fast gestorben. Als der Junge aber auf dem Windwagen und dazu noch mit einem wunderschönen Mädchen an seiner Seite nach Hause zurückkehrte, bereiteten sie ihm ein großes Fest und freuten sich und freuten sich – und freuen sich bis heute. Denn sie müssen nachholen, was sie in neunzehn Jahren Trauer versäumt haben!

DAS FROSCHMÄDCHEN

Wie in alten Geschichten erzählt wird, lebten vor langer Zeit einmal einige Menschen, die keine Kinder bekommen konnten. Und immer, wenn sie wegen ihres unerfüllten Kinderwunsches die Geduld verloren, sagten sie: „Wenn wir doch ein Kind hätten, wäre es auch so klein wie ein Daumen!“ oder „Wenn wir doch ein Kind hätten, wäre es auch ein Ferkel oder ein Rosmarinstrauch oder wenigstens ein ganz gewöhnlicher Topf!“ Und in Geschichten gehen immer die wunderlichsten Wünsche in Erfüllung.

So lebten einmal ein Mann und eine Frau ohne Kinder, die waren schon fast alt geworden. Sie beteten ohne Unterlass und hofften, doch noch ein Kind zu bekommen, aber nichts half. Schließlich sagte die Frau:

„Wenn ich doch ein Kind gebären würde, wäre es auch nur ein Fröschlein!“

Wie andere wunderliche Wünsche, so ging auch dieser in Erfüllung. Nach neun Monaten gebar die Frau ein kleines Froschtöchterlein. Doch auch über ein solches Kind freuten sich die Eltern und sorgten gut für ihr Fröschlein. Das Froschmädchen hielt sich gerne im Freien auf, und wenn sein Vater im Garten oder im Weinberg arbeitete, begleitete es ihn. Und die Mutter brachte ihnen um die Mittagszeit etwas zu essen.

Die Zeit verstrich und das Froschmädchen wuchs heran. Die Eltern aber wurden immer älter. Eines Tages wurde die Mutter krank. Sie klagte, dass sie nicht aufstehen, geschweige denn das Mittagessen in den Garten bringen könnte. Da bot sich die Froschtochter an und sagte, sie könnte doch dem Vater das Mittagessen bringen.

„Aber wie denn, Liebes?“, fragte die Mutter. „Du hast doch keine Hände, um den Topf zu tragen.“

„Schnüre ihn mir auf den Rücken“, sagte das Fröschlein. „Und mach dir keine Sorgen.“

Und so taten sie es auch: Die Mutter schnürte der Tochter den Topf auf den Rücken, und diese machte sich auf den Weg zum Garten. Als sie am Zaun angelangt war, konnte sie das Tor nicht öffnen. Auch hüpfen konnte sie mit dem Topf auf dem Rücken nicht. Deshalb rief sie den Vater zu Hilfe. Er öffnete ihr das Tor, nahm ihr den Topf ab und machte sich ans Essen. Auch das Froschmädchen nahm einen Happen zu sich. Dann bat es seinen Vater, es auf den Kirschbaum zu heben. Der Vater setzte das Fröschlein auf einen Ast, als es zu singen begann. Es sang so schön, dass man hätte meinen können, die Waldfeen würden singen.

Da kam der Königssohn vorbei. Er war zur Jagd aufgebrochen, doch als er den wunderschönen Gesang hörte, ging er nicht weiter in Richtung Wald, sondern schlug den Weg zum Garten des alten Mannes ein.

„Wer singt denn da so schön?“, fragte er den Vater des Froschmädchens. Noch im selben Moment hörte aber dieses auf zu singen.

„Ach, niemand“, erwiderte der alte Mann.

„Wie, niemand? Soeben habe ich doch noch eine wunderschöne Stimme gehört.“

„Ich habe weder etwas gehört noch gesehen“, sagte der Mann.

Er schämte sich zuzugeben, dass seine Tochter ein Fröschlein war, und hatte auch Angst um sie. Doch der Königssohn ließ nicht locker.

„Bitte, alter Mann, sag mir, wer da gesungen hat. Ist es ein Mann, wird er mein Freund sein, ist es eine Frau, wird sie meine Braut sein.“

Doch der alte Mann wollte es ihm trotz alledem nicht sagen.

Tags darauf brachte die Froschtochter dem Vater abermals

das Essen, und wieder bat sie ihn, sie auf den Kirschbaum zu setzen. Als sie zu singen begann, stand selbst der Wind still, um ihr Lied nicht zu stören. Sie saβ auf dem Kirschbaum und sang, dass es im ganzen Tal erschallte.

Der Königssohn hatte wieder denselben Weg zur Jagd eingeschlagen, nur, um ihre Stimme zu hören. Doch als er den Garten des alten Mannes erreichte, verstummte das Fröschlein.

„Bitte, alter Mann, sag mir, wer da gesungen hat“, bat ihn der Königssohn erneut.

„Das weiß ich nicht“, sagte der alte Mann wieder.

„Und wer hat dir das Essen gebracht?“

„Ich bin selbst nach Hause gegangen, doch war ich so müde, dass ich nichts essen konnte, und so habe ich das Essen mitgebracht.“

„Das Lied hat mein Herz verzaubert! Bestimmt weißt du, wer da singt! Bitte, sag es mir. Ist es ein Mann, wird er mein Freund sein, ist es eine Frau, wird sie meine Braut sein.“

Da wurde der alte Mann unsicher und sagte:

„Ich würde es dir ja sagen, aber ich schäme mich, und Angst habe ich auch ...“

„Hab keine Angst, sag es mir einfach.“

Und da erzählte ihm der Mann, dass das Fröschlein auf dem Ast gesungen habe und dass dieses Fröschlein seine Tochter sei.

Der Prinz bat sie herabzusteigen und noch einmal zu singen.

Das Froschmädchen stieg hinab und begann zu singen. Dem Jüngling schmolz vor Glück das Herz und er fragte:

„Willst du meine Braut sein?“

„Bist du dir sicher, dass du ein Fröschlein zur Frau willst?“, fragte das Froschmädchen.

„Ich bin mir sicher, dass es nichts Schöneres auf dieser Welt gibt als deine Stimme. Bitte sag mir, dass du meine Braut sein willst!“

Die Froschtochter willigte ein, und da erzählte ihr der Prinz, dass er zwei Brüder habe, und dass der König ihnen aufgetragen habe, ihre Verlobten am nächsten Tag zu ihm zu bringen. Welche von den Verlobten ihm aber die schönste Blume bringe, würde gemeinsam mit ihrem Verlobten das Königreich übernehmen.

„Komm als meine Verlobte und bring eine Blume mit, die du dir ausgesucht hast“, sagte er zum Froschmädchen.

„Ich werde da sein“, antwortete das Fröschlein. „Doch du musst mir einen weißen Gockel schicken, auf dem ich zum König reiten werde.“

„Das werde ich“, sagte der Prinz, kehrte nach Hause zurück und schickte ihr sogleich den Gockel.

Das Fröschmädchen aber ging zur Sonne und bat sie um ein Sonnenkleid.

Am nächsten Morgen ritt die Froschtochter auf dem weißen Gockel zur Burg. Das Sonnenkleid trug sie bei sich. Als sie jedoch bei der Burg ankam, wollte die Wache sie nicht hindurchlassen. Ein Fröschlein auf einem Gockel – hat man so etwas schon gesehen? Doch die Froschtochter erklärte den Wachen, dass sie auf dem Weg zum Königssohn sei, und so gewährten sie ihr schließlich Einlass.

Als sie durch das Tor ritt, verwandelten sich der Gockel in ein weißes Pferd und das Fröschlein in das schönste Mädchen der Welt. Sie trug das Sonnenkleid und in der Hand hielt sie eine Weizenähre. So betrat sie den königlichen Palast.

Als Erste trat die Verlobte des ältesten Sohnes vor den König.

„Welche Blume bringst du mir?“, fragte der König, und sie reichte ihm eine Rose. Der König bedankte sich und das Mädchen trat zur Seite.

Dann trat die Verlobte des zweiten Sohnes vor ihn hin.

„Welche Blume hast du mir mitgebracht?“, fragte der König, und sie reichte ihm eine Nelke. Auch bei ihr bedankte sich der König, doch dann wandte er sich der Verlobten des jüngsten Sohnes zu und erblickte die Weizenähre in ihrer Hand.

„Du hast die schönste Blume mitgebracht!“, rief er. „Du weißt, dass es ohne Brot kein Leben gibt! Du wirst gut für das Königreich sorgen."

Und so setzte er ihre Hochzeit an und überließ das Königreich seinem jüngsten Sohn.

So kam es, dass aus dem Froschmädchen eine Königin wurde.

DER VOGELFÄNGER UND DIE SCHWARZE KRÄHE

Es war einmal ein Mann, der nichts konnte, als Vögel zu fangen. Aus Reisig stellte er Fallen her und lauerte den gefiederten Geschöpfen tagelang auf. So nannten die Nachbarn ihn den Vogelfänger.

Der Vogelfänger fing die verschiedensten Vögel. Eines Tages jedoch hatte er so gar kein Glück. Wie sehr er sich auch bemühte, es gelang ihm einfach nicht, etwas zu fangen – bis eine Krähe in seine Falle geriet. Mit diesem Fang aber war er gar nicht zufrieden.

„Was soll ich mit dir anfangen", sagte er, als er die Krähe sah. „Du kannst weder schön singen, noch siehst du schön aus, ich kann dich weder verkaufen noch essen. Den Hals könnte ich dir umdrehen, doch auch davon hätte ich nicht wirklich etwas ...", dachte er laut. Da begann die Krähe mit menschlicher Stimme zu sprechen:

„Lass mich frei, dann werde ich andere Vögel in deine Falle treiben. Mit ihnen wirst du etwas anfangen können."

„Also gut", willigte der Vogelfänger ein. „Ich weiß ohnehin nicht, was ich mit dir machen soll."

Als er tags darauf zur Jagd aufbrach, löste die Krähe ihr Versprechen ein: Sie trieb zwei prächtige Nachtigallen direkt in die Falle des Vogelfängers. Überglücklich sperrte der Vogelfänger die Nachtigallen ein und verkaufte sie an einen Fürsten. Er dachte, dass die Geschichte hiermit zu Ende sei, und schon bald vergaß er die Krähe.

Die Nachtigallen aber sangen so schön, dass die Kunde darüber sogar den Kaiser erreichte. Und der Kaiser tat, was Kaiser nun einmal tun: Als er von den Vögeln hörte, die von allen so bewundert wurden, beschloss er, dass sie ihm gehören mussten. Schon bald musste der Fürst sich von den Nachtigallen trennen und sie seinem Herrn schenken. Auch hier könnte die Geschichte zu Ende sein.

Die Nachtigallen sangen wahrlich wunderschön. Doch nach einer Weile war das dem Kaiser nicht mehr genug. Es kam ihm in den Sinn, dass die Nachtigallen gewiss eine Mutter hatten und dass sie vielleicht noch schöner sang. Und dass es womöglich wirklich am schönsten wäre, allen dreien lauschen zu können – den jungen Vögeln und deren Mutter. „So etwas hat noch niemand!“, dachte der Kaiser und befahl, den Vogelfänger zu finden und zu ihm zu führen.

Kaiserliche Befehle müssen schnell ausgeführt werden. Und so stand der Vogelfänger schon tags darauf vor dem Kaiser.

„Bist du der Mann, der diese Nachtigallen gefangen hat?“, fragte ihn der Kaiser.

„Der bin ich“, antwortete der Vogelfänger.

„Dann wird es dir ein Leichtes sein, meinen Wunsch zu erfüllen“, sagte der Kaiser. „Ich möchte, dass du auch ihre Mutter für mich findest.“

„Aber wie denn?“, fragte der Vogelfänger verwirrt.

„Wie immer es dir möglich ist“, sagte der Kaiser. „Du bist doch ein Vogelfänger. Für die Mutter der Nachtigallen werde ich dich reichlich belohnen. Wenn du sie jedoch nicht fängst, lasse ich dich hinrichten."

Der Vogelfänger machte sich auf den Weg nach Hause und begann laut zu jammern:

„Oh weh, ich Ärmster! Ich dachte, meine Arbeit störe niemanden und sei weder schwer noch gefährlich! Und jetzt? Die Mutter gerade dieser Nachtigallen finden – so etwas kann nur ein Verrückter befehlen! Ich Ärmster, nun werde ich hingerichtet!"

Doch da erschien die Krähe wieder vor ihm.

„Was hast du?", fragte sie. „In welchen Schwierigkeiten steckst du?"

„Du bist an allem schuld!", rief der Vogelfänger. „Hätte ich dir doch den Hals umgedreht!"

Dann erzählte er ihr, was passiert war.

„Hab keine Angst", sagte die Krähe. „Sondern gehe morgen zum Kaiser und sage ihm, er möge dir tausend Säcke voll Weizen geben. Dann schüttest du den ganzen Weizen auf einen Haufen. Ich werde den Vögeln die Nachricht überbringen, dass der Kaiser ihnen ein Festmahl bereitet, und sie werden alle kommen, glaube mir, auch die Mutter der Nachtigallen. Bringe einen Käfig und die Nachtigallen mit und setze sie in der Nähe des Weizenhaufens ab. Wenn die Mutter ihre Vogeljungen sieht, wird sie auf sie zufliegen und du kannst sie fangen."

Der Vogelfänger tat, wie die Krähe gesagt hatte, und bat den Kaiser um tausend Säcke voll Weizen. Sowie er den ganzen Weizen aus den Säcken geschüttet hatte, fanden sich bereits die ersten Vögel ein. Dann trat alles so ein, wie die Krähe es gesagt hatte: Die Mutter erkannte ihre Vogeljungen, eilte zu ihnen und der Vogelfänger fing sie.

So brachte er dem Kaiser den gewünschten Vogel und wurde reichlich dafür belohnt. Dann kehrte er nach Hause zurück und atmete erleichtert auf. Doch die Erleichterung hielt nicht lange an.

Wieder sann der Kaiser nach und ließ den Vogelfänger schon bald wieder zu sich rufen.

„Hör zu“, sagte er, „ich habe dich reichlich belohnt und werde dich noch reichlicher belohnen, wenn du auch diesen meinen Wunsch erfüllst: Bringe mir die Herrin dieser Vögel.“

„Aber wie soll ich ...“, stotterte der unglückliche Vogelfänger.

„Wie immer es dir möglich ist“, unterbrach ihn der Kaiser. „Bringst du sie mir, wirst du bis an dein Lebensende ein reicher Mann sein. Bringst du sie mir aber nicht, dann – du weißt schon – lasse ich dich hinrichten."

Am Boden zerstört kehrte der Vogelfänger nach Hause zurück.

„Der Mann will mich einfach umbringen", murmelte er, „deshalb denkt er sich wohl diese unlösbaren Aufgaben für mich aus. Dieses Mal werde ich bestimmt hingerichtet ..."

Doch da erschien die Krähe am Fenster.

„Steckst du wieder in Schwierigkeiten, mein Freund?", fragte sie.

„Ja, und dieses Mal ist es noch schlimmer", sagte der Vogelfänger und erzählte ihr alles.

„Hab keine Angst", sagte die Krähe zu ihm. „Sondern bitte den Kaiser, er möge dir ein mit allerlei Waren beladenes Schiff geben, und dann werden wir auf das weite Meer hinausfahren. Wenn die Leute auf der anderen Seite des Meeres hören, dass ein kaiserlicher Händler kommt, werden alle sehen wollen, was er verkauft. So wird auch die Herrin der Vögel auf dein Schiff kommen. Ich werde sie dir zeigen, und dann lichtest du sogleich den Anker und fährst mit ihr davon."

Der Vogelfänger tat, wie die Krähe es ihm gesagt hatte: Er bat den Kaiser um ein Schiff und sie fuhren auf das offene Meer hinaus. Da fuhren sie und fuhren.

Nachdem sie das Schiff im fernen Hafen verankert hatten, kamen tatsächlich viele neugierige Menschen an Deck. Sie besahen die Waren und kauften auch das eine oder andere. Der Vogelfänger gab sich als Händler aus und die Krähe schaukelte auf der Stange des Hauptsegels, von wo aus sie eine gute Sicht auf das Deck hatte. So warteten sie auf die Herrin der Nachtigallen.

Am dritten Tag kam sie. Es war das schönste Mädchen, das der Vogelfänger je gesehen hatte! Sobald die Krähe es erblickte, begann sie mit den Flügeln zu flattern. Der Vogelfänger lichtete den Anker und segelte mit der wunderschönen Herrin der Vögel davon.

Als er sie vor den Kaiser führte, wusste dieser nicht, worüber er mehr staunen sollte, über das Geschick des Vogelfängers oder über die Schönheit des Mädchens. Den Vogelfänger entlohnte er reichlich, und er beschloss, das Mädchen zur Frau zu nehmen.

Die wunderschöne Herrin der Vögel aber war immerzu traurig.

„Was hast du?“, fragte der Kaiser sie. Doch sie wollte ihm nicht sagen, dass sie Heimweh hatte, und so antwortete sie:

„Als mich dein Vogelfänger auf das Schiff lockte, trug ich einen kostbaren Ring an der Hand. Als ich das Schiff jedoch ablegen sah, streckte ich meine Hand zur Küste aus und da fiel mir der Ring ins Meer.“

“Sei nicht traurig, wir finden deinen Ring“, sagte der Kaiser und ließ den Vogelfänger holen.

„Alle Aufgaben hast du gut gelöst“, sagte der Kaiser zum Vogelfänger, als dieser abermals im Schloss erschien. „Und dafür habe ich dich reichlich belohnt, denke ich. Nun aber habe ich eine weitere Aufgabe für dich.“

Und da erzählte er ihm alles über den Ring.

„Ich will nicht, dass meine Braut unglücklich ist“, sagte er schließlich. „Bringe ihr diesen Ring zurück, sonst ...“

Er musste den Satz nicht einmal beenden.

Der Vogelfänger kehrte wieder unglücklich nach Hause zurück und wieder wartete die Krähe am Fenster auf ihn.

„Was hast du nun wieder? In welchen Schwierigkeiten steckst du dieses Mal?“

„Ach, liebe Krähe, dieses Mal wird es schwer für dich, eine Lösung zu finden! Ich soll einen Ring zurückbringen, der ins Meer gefallen ist.“

„Hab keine Angst“, sagte die Krähe, „sondern bitte den Kaiser um tausend Fässer Öl und lade sie auf das Schiff. Dann werden wir wieder auf das Meer hinausfahren.“

Der Vogelfänger bat um das Öl und die kaiserlichen

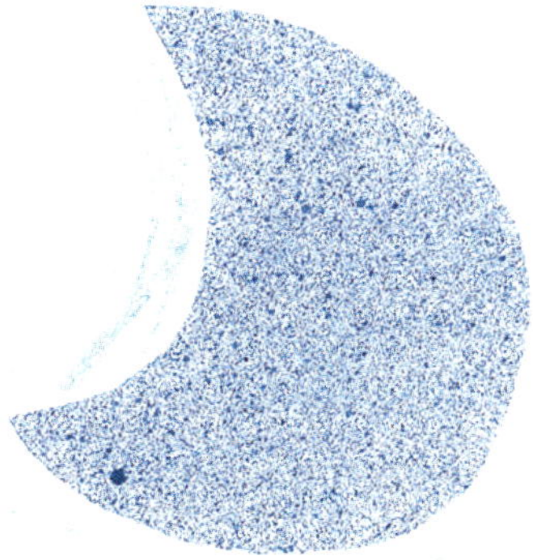

Diener trugen die Fässer auf das Schiff. Und so machten der Vogelfänger und die Krähe sich wieder auf den Weg zu jenem Hafen, in dem sie die Herrin der Vögel gefunden hatten.

Dort angekommen befahl die Krähe den Matrosen, das gesamte Öl aus den Fässern ins Meer zu gießen. Die Matrosen wunderten sich, doch sie gehorchten.

Unter dem vielen Öl beruhigte sich die Meeresoberfläche und das Wasser klarte auf. Da flog die Krähe und suchte, und suchte und flog, und flog und suchte mit ihren scharfen Augen ... Bis sie schließlich etwas auf dem Meeresboden glitzern sah.

Sie tauchte ins Wasser und siehe da: sie kam mit dem Ring im Schnabel wieder zurück.

Der Braut des Kaisers aber war das nicht genug. Sie hasste den Vogelfänger, weil er sie überlistet und entführt hatte. Deshalb sagte sie zum Kaiser:

„Ich möchte, dass du diesen Vogelfänger umbringen lässt! Sonst wird nichts aus unserer Hochzeit!“

Darüber war der Kaiser nicht glücklich, doch er wollte die Herrin der Vögel unbedingt heiraten. So ließ er den

Vogelfänger abermals zu sich rufen.

„Du hast mir gute Dienste geleistet, nun aber ist es aus“, sagte er. „Geh nach Hause, verabschiede dich, von wem du dich zu verabschieden hast, und kehre dann zurück. Morgen Mittag wirst du ins Feuer springen.“

Der arme Vogelfänger machte sich nicht einmal auf den Weg, sondern begann die Krähe zu rufen.

„Der Kaiser will mich wirklich umbringen!“ sagte er, sobald sie erschien.

„Hab keine Angst“, erwiderte die Krähe. „Sondern bitte den Kaiser, er möge dich ein letztes Mal auf einem guten Pferd reiten lassen. Wähle das Pferd aus, das ich dir zeigen werde, und sporne es so kräftig an, wie du kannst. Und wenn das Pferd erschöpft ist, reibe dich mit seinem Schaum ein. Dann kannst du ins Feuer springen. Es wird dir nichts passieren.“

Und so war es auch: Der Kaiser erlaubte dem Vogelfänger einen letzten Ritt und der Vogelfänger nahm das Pferd, das die Krähe ihm gezeigt hatte. Er ritt das Pferd bis zu dessen Erschöpfung, rieb sich mit dem Schaum ein und sprang dann ins Feuer.

Der Vogelfänger stand inmitten des Feuers, doch es konnte ihm nichts anhaben. Um das Feuer herum scharten sich die Leute, sahen zu und staunten.

Auch der Kaiser sah zu, in Gesellschaft seiner Braut. Er schaute und schaute, und da wurde er von Angst beschlichen. Es kam ihm in den Sinn, dass es für einen Kaiser gefährlich sei, einen Mann in seiner Nähe zu haben, dem alles gelang, und dessen er sich nicht einmal mithilfe des Feuers entledigen konnte. Denn was, wenn dem Vogelfänger eines Tages einfallen würde, selbst Kaiser werden zu wollen? Also rief der Kaiser, als das Feuer heruntergebrannt war, den Vogelfänger ein letztes Mal zu sich und sagte ihm, er solle das Kaiserreich verlassen und nie mehr wiederkehren.

Da nahm der Vogelfänger alles, was ihm der Kaiser bis dahin geschenkt hatte, packte für alle Fälle auch seine

Vogelfallen ein und machte sich auf den Weg. Er trauerte dem Land, in dem sein Leben so anstrengend geworden war, nicht besonders nach. Er fragte sich, wie das Leben wohl in anderen Ländern sei, und ob es überall solch unvernünftige Kaiser gäbe.

Die Krähe aber folgte ihm eine Weile und verschwand dann im Unbekannten. Doch der Vogelfänger glaubte fest daran, dass sie wiederkommen würde, falls er sie brauchte.

DIE KLEINE FEE

Es waren einmal ein König und eine Königin. Die hatten ein Schloss auf einem Hügel, das gefüllt war mit allerlei Kostbarkeiten, Felder mit goldenem Weizen und Wälder mit alten Eichen. Alles gab es in ihrem Königreich im Überfluss. Ihr allergrößter Schatz jedoch war der kleine Prinz. Lange hatten sie sich ein Kind gewünscht, und als die Königin endlich einen Sohn gebar, schenkten sie ihm ihre liebevollste Aufmerksamkeit. Zur Freude seiner Eltern war er ein kluger, gutherziger und schöner Junge.

Als der Prinz achtzehn Jahre alt wurde, bereiteten ihm der König und die Königin im Garten des Schlosses ein großes Fest. Sie warteten mit dem Besten auf, das sie hatten, mit erlesenen Speisen, bemaltem Essgeschirr, seidenen Tischdecken und allerlei Schmuck. Sie luden die besten Musikanten ein und zündeten tausend Kerzen an. Nach dem Festmahl im Garten versammelten sich die Mädchen aus der Gegend zum Tanzen. Und sie alle warfen dem schönen Prinzen warmherzige Blicke zu.

Es war eine glanzvolle Feier, die bis tief in die Nacht andauerte. Der Gefeierte aber konnte, als die Gäste schließlich gegangen waren, vor lauter Aufregung nicht einschlafen. Und so zog er sich wieder an und ging hinaus in die Nacht, ins Mondlicht.

Er ging durch den Park in Richtung des kleinen Lindenwaldes in der Nähe des Schlosses. Er spazierte gemächlich dahin und atmete die Frische der jungen Sommernacht tief ein. Dabei betrachtete er die wundersamen Schatten der Äste im Mondlicht und labte sich am betörenden Duft der blühenden Linden.

Mit einem Mal kam er an eine Lichtung und dachte, wie seltsam es sei, dass er hier noch nie gewesen war, und von welcher Schönheit diese kleine, mit schweren, alten Baumkronen umgebene Wiese war. Dann aber erblickte er etwas, was noch schöner und wunderlicher war: Auf dem Gras stand, vom Mondlicht beleuchtet, eine kleine Fee. Sie trug ein silbernes Kleid, hatte lange goldene Haare und ihre Krone war mit Juwelen besetzt. Sie war wunderschön, doch klein wie eine Flamme. Ungläubig blieb der Prinz stehen und starrte sie an.

„Herzlichen Glückwunsch zum Geburtstag, lieber Prinz!", sagte die kleine Fee. „Ich war auch zu deinem Fest eingeladen, doch da ich so klein bin, konnte ich nicht unter den Mädchen sein. Also grüße ich dich hier, im Mondlicht, das für mich wie Sonnenlicht ist."

„Es freut mich, dass du gekommen bist", sagte der Prinz, dem die kleine Fee sehr gefiel.

Er ging zu ihr und nahm sie bei der Hand, doch sie riss sich los und verschwand. In seiner Hand blieb ihr Handschuh zurück, der so winzig war, dass er ihn kaum über seinen kleinen Finger streifen konnte. Traumversunken und mit dem Handschuh am Finger spazierte er noch eine Weile durch den Lindenhain und ging dann nach Hause. Er erzählte niemandem auch nur ein Wort von seinem nächtlichen Erlebnis.

Fast den ganzen darauffolgenden Tag schlief er. Und als er endlich aufwachte, konnte er es kaum erwarten, dass auch der restliche Tag verstrich. Sobald die Nacht hereinbrach, machte sich der Prinz wieder auf den Weg in den Lindenhain.

Er suchte die kleine Fee und suchte und suchte, er irrte durch das Wäldchen und kehrte zur Lichtung zurück, doch sie war nicht da. Immer verzagter dachte er, wie lieblich und zauberhaft ihre winzige Erscheinung doch gewesen sei, dass er ihr nichts hatte sagen können und er sie nie wieder sehen würde.

Wie er so über sie nachdachte, zog er ihren kleinen Handschuh aus der Hosentasche und küsste ihn – und just in diesem Moment erschien die Fee vor ihm!

Der Prinz war überglücklich, sie zu sehen, und ging die ganze Nacht lang mit ihr im Lindenhain spazieren.

Wie sie aber so spazierten und sich unterhielten, geschah etwas Außergewöhnliches: Die kleine Fee begann zu wachsen. Als sie sich kurz vor Morgengrauen voneinander verabschiedeten, war sie bereits doppelt so groß als in der Nacht zuvor. Und ihr winziger Handschuh passte ihr nicht mehr.

„Behalte du ihn!“, sagte sie zum Prinzen und verschwand.

„Ich werde mich niemals davon trennen“, flüsterte der Prinz ihr nach.

Jede Nacht trafen sich der Prinz und die kleine Fee im Garten des Schlosses. Der Prinz schlief und träumte ganze Tage lang und konnte die Nacht kaum abwarten. Und jedes Mal überkam ihn leichte Unruhe und er dachte, dass sie vielleicht nicht mehr wiederkommen und so plötzlich verschwinden könnte, wie sie aufgetaucht war.

Seine Liebe für sie wuchs und wuchs und die kleine Fee

wurde jede Nacht ein Stückchen größer.

In der neunten Nacht leuchtete der Mond in voller Pracht und die Fee hatte die Größe des Prinzen erreicht.

„Solange der Mond scheint, werde ich in deinen Garten kommen“, sagte sie in jener Nacht.

„Nein“, erwiderte der Prinz, „das ist mir nicht genug. Du sollst für immer und ewig bei mir sein. Ich wünsche mir, dass du meine Frau wirst.“

Die kleine Fee sah ernsthaft in sein Gesicht.

„Lieber Prinz“, sagte sie schließlich, „ich bleibe gern bei dir, deine Frau aber kann ich nur sein, wenn du für immer nur mich lieben wirst. Kannst du das versprechen?“

„Nur dich, für immer und ewig!“, rief der Prinz und führte sie ins Schloss.

Und so heirateten der Prinz und die kleine Fee.

Sieben Jahre lang lebten sie glücklich zusammen. Dann geschah es, dass der alte König, der Vater des Prinzen, starb. Er war ein guter König gewesen und nach der Kunde von seinem Tod machten sich viele Menschen auf zum Schloss, um ihm die letzte Ehre zu erweisen. Sie kamen von nah und fern und an der Bahre des Königs lösten sich die schönsten Frauen des Königreichs ab. Darunter war auch ein Mädchen mit roten Haaren und einem feurigen Blick.

Obgleich sie neben der Bahre des Königs stand, hatte die rothaarige Schönheit nur Augen für dessen Sohn, den Prinzen. Nach einer Weile bemerkte der Prinz dies und erwiderte ihren Blick. Ein warmer Schauer überkam ihn, als sie ihn anlächelte.

Als die Trauergemeinde sich schließlich zum Friedhof begab, ging der Prinz neben seiner Frau, drehte sich jedoch dreimal nach der rothaarigen Schönheit um. Mit einem Mal stolperte seine Frau über ihr Kleid.

„Sieh nur, mein Rock ist mir zu lang ...“, sagte sie leise.

Doch der Prinz hörte ihre Worte nicht und er bemerkte auch nicht, dass sie immer kleiner wurde.

Auf dem Rückweg vom Friedhof sahen sich der Prinz und die rothaarige Schönheit immerzu an, die kleine Fee aber wurde immer kleiner. Als sie die alten Linden erreichten, war sie ganz verschwunden.

Da nahm der Prinz das Mädchen mit dem feurigen Blick zur Frau. Doch er war mit ihr nicht glücklich. Immerzu verlangte sie etwas von ihm, drängte ihn dazu, sich zu ändern, und forderte Kostbarkeiten und Dinge, die auf dieser Welt überhaupt nicht existieren. Und immer, wenn er ihre Wünsche nicht erfüllen konnte, weinte sie oder stritt sich mit ihm.

Da begriff der Prinz, was er getan hatte.

Er trauerte seiner kleinen Fee nach, und je mehr Zeit verstrich, desto schwerer wurde ihm ums Herz. Nachts ging er hinaus ins Mondlicht, spazierte durch den Lindenhain und rief die kleine Fee. Er bat sie, zu ihm zurückzukommen, und küsste ihren winzigen Handschuh. Und so rief er sie und wartete – bis er alt war. Doch die kleine Fee kam nie mehr zurück.

Nachwort

Die kroatischen Volkserzählungen, die wir für dieses Buch ausgewählt und angepasst haben, entstammen der Ausgabe Narodne pripovijetke. *Pet stoljeća hrvatske književnosti (Volkserzählungen. Fünf Jahrhunderte kroatischen Schrifttums)* (Matica Hrvatska, 1963), herausgegeben von Maja Bošković-Stulli. Es ist nicht leicht, sie in kurzen Zügen zu beschreiben und ihre Herkunft zu bestimmen, was allerdings nicht ungewöhnlich ist, da es ebenfalls sehr schwer ist, einen Sammelbegriff für Erzählungen mit solch verschiedenartigen Motiven zu finden, wie es zum Beispiel die Märchen vom sprechenden Rosmarin oder dem Fröschchen, das sich in ein Mädchen verwandelt, sind, oder dem jungen Räuber, der jede Schwierigkeit mithilfe seines Scharfsinns und ohne magische Helfer löst. Wie wir wissen, haben diese Erzählungen keinen Autor und sind auch nicht als literarische Texte anzusehen. Sie wurden vor hundert Jahren aufgeschrieben, als kroatische Erzähler Geschichten erzählten, die sie von ihren Vorfahren hörten, welche sie wiederum von ihren Vorfahren gehört hatten. Die Erzählkette ist wahrscheinlich unendlich lang; wer weiß, wer sie begonnen hat, und wie viele Personen die Märchen während des Erzählens verändert haben.

Die Schönheit mündlich überlieferter Geschichten – so auch der kroatischen – liegt in ihrer scheinbaren Schlichtheit. Obwohl wir sie schon lange kennen und sie uns wegen ihres Phantasiereichtums begeistern, fällt es uns nicht leicht, über sie zu schreiben. Zahlreiche Wissenschaftler versuchten, dieses Problem zu lösen. Die älteste Studie über eine mögliche Einteilung der Erzählungen, die Volksbräuchen und dem Volksglauben entsprangen, verfasste der niederländische Literaturtheoretiker André Jolles. In der Studie *Einfache Formen* (1929) teilt der Autor mündlich überlieferte Erzählungen in Märchen, Heiligenlegende, Sage, *Mythe*, Rätsel, Spruch, *Kasus*, *Memorabile* und Witz. Er definiert jede einzelne dieser Formen, während der Begriff „einfach" von Jacob Grimm und dessen Theorie der *Naturpoesie* gegenüber der *Kunstpoesie* übernommen wird. Dementsprechend sind diejenigen Formen, die den Bräuchen und dem Glauben des Volkes entspringen, einfach, denn sie entstehen spontan, während die Kunstpoesie, die einen

Autor hat, immer nach Kunst strebt. Aber die Kritiker bemerkten sofort, dass Jolles' einfache Formen keine reinen ursprünglichen Ausdrucksformen sind, aus denen kompliziertere Literaturgattungen entstehen. Das bezieht sich in erster Linie auf die Volkserzählung, die in keinem ihrer Aspekte einfach ist, besonders wenn wir wissen, dass die Volkserzählung oft auch Märchen genannt wird, und dass das Märchen eine Form ist, deren Stil und Entstehung der Natur eines literarischen Textes näher steht.

Kroatische Wissenschaftler, die sich mit der kroatischen mündlichen Überlieferung befassen, stoßen ebenfalls auf ähnliche Schwierigkeiten. Die bedeutendste kroatische Wissenschaftlerin auf diesem Gebiet, Maja Bošković-Stulli, der wir die meisten der hier vorgestellten Erzählungen verdanken, meint, dass man die Gattungen oder Arten mündlicher Tradition gewöhnlich nach Themen und Formen einteilen kann. Da sie sich des irreführenden Begriffs „Märchen“ bewusst ist, bemerkt die Autorin, dass der Begriff „Erzählung“ Legenden, abenteuerliche und scherzhafte Geschichten des Alltags, ja sogar auch Fabeln einschließen kann, unabhängig davon, ob sie übernatürliche Elemente enthalten oder nicht. Das Verbindende sind ihr Stil und die sehr komplizierte Art und Weise, auf welche sie entstanden und weshalb sie entstanden sind.

Offensichtlich ist nichts einfach bei diesen Volkserzählungen. Es gibt keine einfache Kontinuität aus einer „es war einmal“ Zeit bis zum heutigen Tag. Angeregt von dem Wunsch, alle Erkenntnisse und Erfahrungen einer Gemeinschaft zu bewahren und weiterzugeben, veränderten sich die Volkserzählungen, als sie von einem Erzähler zum nächsten, von einer Generation zur nächsten weitergegeben wurden, wobei sich ihre Aufgabe, Form, und ihre geographische Verbreitung veränderten, dadurch dass sie sich den gesellschaftlichen Umbrüchen anpassten, zum Beispiel der Umwandlung des Glaubens in Unglauben, weshalb ein Großteil der mündlichen Erzählungen nachträglich in Geschichten für Kinder umgestaltet wurde.

Wegen ihrer ungewöhnlichen und hartnäckigen Kontinuität

gelangten die Volkserzählungen in Literatur und Historie, denn das gesprochene und das geschriebene Wort durchdringen sich und zeigen uns ein allgemeines Bedürfnis nach dem Erzählen von Geschichten und der Fähigkeit des Erzählens. Der Trojanische Krieg in Homers *Ilias*, der lange Heimweg des Odysseus in der *Odyssee*, der angelsächsische Krieger, der den Drachen besiegt im *Beowulf*, Chaucers Sammlung europäischer mittelalterlicher mündlicher Formen in den *Canterbury Tales* oder Boccaccios Aneignung von Erzählungen aus aller Welt in seinem *Dekameron* sind Beweise für die frühe Anwesenheit mündlicher Erzählungen und deren geschickte Einführung in Werke, die wir heute Literatur nennen. Auf kroatischem Boden finden wir ein gleichartiges Beispiel in der Schrift *Ljetopis popa Dukljanina (Die Chronik des Priesters von Duklja),* die im XII. Jahrhundert von einem katholischen Geistlichen aus der Stadt Bar verfasst und später im XIV. Jahrhundert auf dem Gebiet von Split – mit einigen Ergänzungen – vom Lateinischen ins Kroatische übersetzt wurde. Diese Chronik ist nicht nur das älteste erhaltene historische Dokument über die Geschichte von Kroaten und Südslaven, sondern es stellt gleichzeitig eins der ältesten Zeugnisse kroatischer mündlicher Überlieferung dar und wird auch als literarischer Text angesehen.

Als man sich Anfang des XIX. Jahrhunderts im Rahmen der europäischen Romantik für die Forschung ausschließlich mündlicher Tradition zu interessieren begann, wurde schnell klar, dass es schwierig sein würde, eine Methodologie zu finden, anhand derer man diesen Korpus angemessen wissenschaftlich untersuchen könnte. Nach den ersten Arbeiten der Brüder Grimm und ihrer mythologischen Theorie, nach der alle Erzählungen gleichen Ursprungs sind, gelangte man zu dem Versuch, die Erzählungen geographisch und geschichtlich klar abzugrenzen, kam weiter zu den strukturalistischen Theorien, der Psychoanalyse, den komparatistischen Studien, bis zur Begegnung mit noch lebenden Erzählern und der Betonung auf Kontext und Erzählweise. So entwickelte sich das Erforschen der mündlichen Tradition zu einem sehr dynamischen Themengebiet, das Wissenschaftler zahlreicher Disziplinen

zusammenbringt. Ihre Nachforschungen lassen erkennen, dass die mündliche Tradition nicht nur von erdachter Vergangenheit, sondern auch von erdachter Gegenwart erzählt.

Die folgenden Volkserzählungen stellen nur einen winzigen Teil des Reichtums kroatischer mündlicher Tradition dar. Ihre Eigentümlichkeit entstammt den mannigfaltigen Berührungen mit der mitteleuropäischen, mediterranen, pannonischen und der Tradition des Balkans, da die kroatische Kultur ein Produkt verschiedener gesellschaftlicher und geschichtlicher Umstände ist. Andererseits ist es völlig unmöglich, die Märchen nach ihrer angenommenen, meist unsicheren Herkunft zu bestimmen. Sie sind kroatisch, weil sie in einem bestimmten Augenblick von einem kroatischen Erzähler, der sie in seinem Dorf gehört hatte, in dessen Mundart erzählt wurden.

Dass jedoch etwas Wichtiges während der Umgestaltung des Erzählten in einen geschriebenen Text verlorenging, entspringt der Mangelhaftigkeit des Geschriebenen. Das Schreiben schenkt dem gesprochenen Wort Ewigkeit, lässt aber den Erzähler verschwinden, der Verfahren benutzte, um das, was mit Worten nicht gesagt werden kann, zu ergänzen. Deshalb sollte man bedenken, dass die Erzählungen vom jähzornigen Kater, der verfressenen Tochter, von den „tapferen" Kameraden des Gockels, vom Jüngling, der den teuflischen Kaiser betrog und viele andere dieser Sammlung früher einmal anhand von Mimik, Pausen, Flüstern und Gesten eines geschickten Erzählers vervollständigt wurden.

Und während der ursprüngliche Erzähler seit langem nicht mehr da ist, blieb das Bedürfnis nach dem Erzählen und dem Anhören von Erzählungen. Deshalb ist Zuhörer oder Leser dieser Geschichten jeder, der gewillt ist, nicht zu zweifeln und in eine Welt einzutreten, die Ungewöhnliches im Gewöhnlichen erkennt, in eine Welt, die uns schließlich lehrt, den jetzigen Augenblick zu schätzen und zu genießen.

Iva Polak

Deutsche Übersetzung: Hedi Blech Vidulić